Gott die MUTTER

Kirsten Armbruster

Gott die MUTTER

Eine Streitschrift wider den patriarchalen Monotheismus

Rot wie Blut
Weiß wie Schnee
Schwarz wie Ebenholz

Bibliografische Information der Deutschen Nationalbibliothek
Die Deutsche Nationalbibliothek verzeichnet diese Pub-
likation in der Deutschen Nationalbibliografie; detaillier-
te bibliografische Daten sind im Internet über
http://dnb.d-rb.de abrufbar.

© 2013 Kirsten Armbruster
2. Auflage

Herstellung und Verlag:
BoD - Books on Demand, Norderstedt
ISBN 978-3-7322-3118-8

Religion ist zu wichtig,
um sie den Männern zu überlassen

Christa Mulack

Der Gedanke, dass der Mann allein, mit seinem Munde, durch sein Wort, aus seinem Geist, lebendige Wesen schaffen kann, ist die widernatürlichste Phantasie, die nur denkbar ist; sie verneint alle Erfahrung, alle Wirklichkeit, alle natürliche Bedingtheit. Sie setzt sich über alle Schranken der Natur hinweg, um das eine Ziel zu erreichen: den Mann darzustellen als den schlechthin Vollkommenen, als den, der auch die Fähigkeit besitzt, die ihm das Leben versagt zu haben scheint, die Fähigkeit zu gebären. Diese Phantasie, die nur auf dem Boden einer extrem patriarchalischen Gesellschaft erwachsen kann, ist das Urbild allen idealistischen, sich über die natürlichen Bedingungen und Gegebenheiten hinwegsetzenden Denkens. Sie ist gleichzeitig der Ausdruck einer tiefen Eifersucht des Mannes auf die Frau, des Gefühls seiner Minderwertigkeit durch den Mangel dieser Fähigkeit, des Neides auf ihr Gebärenkönnen und des Wunsches, diese Fähigkeit, wenn auch mit anderen Mitteln, zu erlangen.

Erich Fromm

Inhalt

7	Vorwort
10	Zeittafel
15	Die Lüge vom Urvater
18	Die Geschichte wissenschaftlich fundiert statt patriarchal ideologisiert
23	Gott die MUTTER als Kosmische Mutter des Universums
46	Die Jungfrau ist nicht keusch
49	Mütter zwischen Muttertum, Faschismus und Matriarchat
62	Gott die MUTTER wird unrein
65	Fazit
70	Literaturverzeichnis
76	Ortsregister
78	Danksagung
79	Zur Autorin

Vorwort

Das Christentum wurzelt, wie alle drei monotheistischen Religionen in einer Hirtennomadenideologie. Da das Hirtentum die Domestikation von Tieren voraussetzt, die Menschen aber den größten Teil der Menschheitsgeschichte als Wildbeuter lebten, können diese Hirtenreligionen nicht am Anfang von Religion stehen.

Die monotheistische Hirtenideologie geht einher mit dem Verständnis des Vaters als Gott dem HERRN. Der Vater wird also theologisch verknüpft mit Herrschaft, und Herrschaft ist historisch verknüpft mit Krieg. Krieg ist gebunden an Waffen, die erst langsam mit der Metallgewinnung in der Bronzezeit entwickelt wurden und sich endgültig erst in der Eisenzeit durchsetzten. Auch hier zeigt sich, dass Gott der HERR nicht am Anfang von Schöpfung stehen kann, sondern eine späte Erfindung in der Menschheitsgeschichte ist.

Europa wird gerade auch von Politikern gerne unterstellt christliche Wurzeln zu haben. Auch das entspricht nicht den historischen Tatsachen, denn das Christentum erreichte große Teile Europas erst zwischen dem 6. und dem 8. Jahrhundert n.u.Z.. Das Christentum ist keine organisch gewachsene Religion in der fruchtbaren Landschaft Europas, denn es wurzelt in den trockenen Steppenlandschaften der Hirtennomaden, welche die rohfaserverwertenden Wiederkäuer domestizierten, um in einer solchen Vegetation überleben zu können. Allerdings ging von Europa die imperialistische christliche

Missionierung der Welt aus und das ist kein rühmliches Kapitel für Europa, sondern ein beschämendes.

Die Idee von Gott dem HERRN war und ist in Wahrheit eine bis heute nützliche Theologie zur Indoktrinierung und Zementierung patriarchaler Herrschaftsmacht, also eine politische Theologie. Eines der Hauptanliegen dieser politischen Theologie war es, Gott die MUTTER abzuschaffen, sie durch Gott den HERRN zu ersetzen und die Mutter gleichzeitig zur Magd des HERRN zu degradieren. Dass es einst Gott die MUTTER auch in unserem Kulturkreis gegeben hat, steht historisch außer Frage. Erinnert sei in diesem Zusammenhang nur an die griechische Gaia. Gott die MUTTER, war allerdings nie die HERRIN. Das bedeutet aber auch, dass ihr ein völlig anderes Verständnis von Göttlichkeit zugrunde liegt. Tatsächlich können wir Gott die MUTTER schon in den Höhlen und in den roten Ockerbestattungen in embryonaler Hockstellung des Paläolithikums finden, und hier liegen die eigentlichen Wurzeln von Religion und auch die Wurzeln Europas. In diesem Zusammenhang bedeutsam ist auch eine weitere Tatsache: Genauso wenig, wie es das Bild von Gott der MUTTER als HERRIN jemals gegeben hat, genauso wenig hat es jemals ein Matriarchat gegeben, eine Herrschaft von Müttern in Umkehrung des Patriarchats. Und auch darin sind sich alle HistorikerInnen inzwischen einig.

Dass diese Zusammenhänge in der Öffentlichkeit kaum bekannt sind und auch nicht in den Schulen gelehrt werden, zeigt, dass unsere Gesellschaft, die scheinbar so gut informiert ist, einer patriarchalen Gehirnwäsche unterzogen wurde, die erst langsam zu bröckeln beginnt. Dieses Buch soll dazu beitragen, die patriarchalen Zementierungen ins Wanken zu bringen, um wieder einer friedlicheren Gesellschaft den Boden zu ebnen. Einer friedlicheren Gesellschaft zwischen den Geschlechtern, einer friedlicheren Gesellschaft zwischen den Menschen, die heute, getuned durch aggressive Mono-Ideologien der Intoleranz, sich gegenseitig bekriegen. Die Idee eines Monotheismus, der die Frau mit Unreinheit belegt, sie der Herrschaft des Mannes unterstellt hat und außerdem die Grundlage ist für die Doktrin: Nur mein Gott ist der einzig wahre Gott, dieser Monotheismus ist, völlig gleich, ob jüdischer, christlicher oder islamischer Ausprägung, eine wesentliche Ursache des patriarchalen Kriegszeitalters. Monotheismus und Krieg sind nicht zwingend menschlicher Natur, sondern sie sind die Folge einer falschen Entwicklung von Weiblichkeit und Männlichkeit, von Vaterschaft und Mutterschaft und einem damit verbundenen Gottesbild. Jutta Voss bemerkt dazu: *„Solange das Blut der Frau und mit ihm die Frau verteufelt und parallel das Blut des Mannes, sei es am Kreuz oder in unzähligen Kriegen verherrlicht wird, solange wird es keine Heilung geben" (Voss, Jutta, 2006, S. 124).* Hören wir also auf, die Frau zu verteufeln und den Mann zu verherrlichen. Ein Schritt hierzu ist es, hinter die potemkinschen Fassaden des Patriarchats zu schauen, unsere Geschichte zu vervollständigen, zu schauen, wie es zu dieser, in seinen gesellschaftlichen Auswirkungen desaströsen Verteufelung der Frau, bei gleichzeitiger Verherrlichung des Mannes kam. Nur so können wir den Raum schaffen, ein zukunftsfähiges, differenziertes und diversifiziertes Menschenbild zu entwickeln und auf dieser Basis auch die religiöse Zukunftsfrage stellen: **Was sollte den Menschen heilig sein?** Der Kosmos, der heute unter dem Diktat des Patriarchats steht, könnte dadurch aufatmen.

Zeittafel

Zeitangabe: v.u.Z.: Vor unserer Zeitrechnung

I. Zeit der Heiligen Steine

1. Paläolithikum (Altsteinzeit)

Älteste und längste Periode der Urgeschichte, Wildbeutertum als gemeinsame, sich ergänzende Ökonomie zwischen Frau und Mann

500 000 bis 300 000 v.u.Z.: Urmutterfigurine von Tan-Tan in Marokko mit rotem Ocker

300 000, eventuell sogar 600 000 v.u.Z.: Älteste Begräbnisstätte (mortuary site) in Europa in der **Höhle** von Sima de los Huesos (Pit of the Bones), Atapuerca, Burgos, Spanien

280 000 bis 250 000 v.u.Z.: Urmutterfigurine von Rebekhat Ram aus rotem Tuffstein, Golanhöhen, Israel/Syrien

100 000 v.u.Z.: Bisher ältestes erhaltenes Grab in der **Höhle** von Qafzeh bei Nazareth in Israel

40 000 v.u.Z.: Urmutterfigurine vom Hohle Fels, Schelklingen, Schwäbische Alb, Deutschland

25 000 v.u.Z.: Urmutterfigurine von Willendorf, Wachau, Österreich

25 000 bis 20 000 v.u.Z.: Urmutterfigurinen von Laussel, Dordogne, und Lespugue, Haute Garonne, Frankreich

25 000 v.u.Z.: Urmutterfigurine von Dolni Vestonice, Mähren, Tschechien

20 000 v.u.Z.: Urmutterfigurinen von Avdeevo, Russland

18 600 v.u.Z.: Älteste Bestattung in Deutschland in der Mittleren **Klausenhöhle** in Essing (Cro-Magnon-Mensch), Altmühltal, Bayern. Der circa 30-jährige Tote war in eine dicke Schicht Rötel gehüllt.

2. Neolithikum (Jungsteinzeit)

ab 10 500 v.u.Z. in Anatolien und Vorderer Orient
ab 6500 v.u.Z. in Südosteuropa
ab 5500 v.u.Z. in Mittel- und Westeuropa

Beginn der Sesshaftigkeit mit Gartenbaukulturen und Kleintierhaltung vor allem als weibliche Ökonomie, weiterhin ergänzende Jägerökonomie; 7000 v.u.Z.: Beginn der **Rinderdomestikation** *als hauptsächlich männliche Ökonomie (Cowboyökonomie)*

II. Metallzeitalter

1. Chalkolithikum (Kupfersteinzeit)

**ab dem späten 5. Jahrtausend v.u.Z. im Vorderen Orient
ab 4300 v.u.Z. in Mittel- und Nordeuropa**

Beginn von patriarchalen hierarchischen Gesellschaftsstrukturen

4500 v.u.Z. Beginn des **Pflugackerbaus**
4000 v.u.Z.: Beginn der **Pferdedomestikation**
Beginn erster hierarchischer Gesellschaften mit **Herrschergräbern** in Arsan Tepe in Anatolien mit einer Grabbeigabe von Kupferschwertern und um 4500 v.u.Z. in Warna am Schwarzen Meer im heutigen Bulgarien mit Kupferwaffen, einer Muttergottheit und dem ältesten Goldfund weltweit (Haarmann, Harald, 2005, S. 79; Bott, Gerhard, 2009, S. 317)

2. Bronzezeit: Beginn des patriarchalen Kriegszeitalters

**ab 3300 v.u.Z. im Vorderen Orient
2. Jahrtausend v.u.Z. in Mittel- und Nordeuropa**

3500 v.u.Z.: Auftauchen der ersten **Streitwagenkrieger** als Voraussetzung für Reichsgründungen durch kriegerische Eroberung. Hierzu zählen die

Sumerer, die indoeuropäischen Kurgan-Völker (Hethiter, Arier, Churriter, Achäer) und die hamito-semitischen Akkader, Amoriter und Aramäer (Bott, Gerhard, 2009, S. 395/396)

ab 3300 v.u.Z. erste namentlich **erwähnte männliche Vegetationsgötter** in Mesopotamien Ea/Enki, in Sumer Dumuzi und in Ägypten Min/Osiris

ab 2000 v.u.Z. Auftauchen der **ersten Reiterkrieger**

1500 v.u.Z. Auftauchen des **ersten monotheistischen Gottes Aton in Ägypten**

3. Eisenzeit: Durchsetzung des patriarchalen Kriegszeitalters

ab 1400 v.u.Z. in Kleinasien
ab 1000 v.u.Z. in Europa

1100 v.u.Z. **Muttermord** im babylonischen **Weltschöpfungsepos ENUMA ELISH** im Kampf zwischen Marduk und Tiamat
650 v.u.Z. in der Zeit von König Josia Durchsetzung der **ersten monotheistischen Theologie im Judentum**
458. v.u.Z. **Muttermord in der griechischen Orestie**

Spätere Geschichte

Weltweite Durchsetzung der patriarchalen Indoktrinationen: die offizielle Geschichte wird als rein männliche Geschichte dargestellt; Urvaterlüge; patriarchale Weltreligionen als politische Theologien*

6. bis 8. Jahrhundert n.u.Z.: Beginn der Christianisierung in Mitteleuropa
13. bis 20. Jahrhundert: Zeit der Inquisition und Hexenverfolgung in Europa und imperialistische Kolonisation, in der die Erinnerung an Gott die MUTTER mit äußerster Brutalität ausgemerzt werden sollte.

*auch Buddhismus und Hinduismus gehören zu den patriarchalen Theologien, sind aber nicht Gegenstand dieser Veröffentlichung. Eine ausführliche Auseinandersetzung zu diesem Thema finden sie in Armbruster, Kirsten; 2010

Die Lüge vom Urvater

Beruhend auf den Erkenntnissen von Frazer und Darwin postulierte Siegmund Freud einst die Irrlehre vom Urvater. Freud glaubte, dass die Menschen ursprünglich in Horden lebten, die alle unter der Herrschaft eines einzigen, starken, gewalttätigen und eifersüchtigen Männchens standen. Abgeleitet wurde dies vom Verhalten des Gorillas.

Viele weitere Autoren haben versucht die Bedeutung des Vaters vom Anbeginn der Geschichte zu untermauern mit den unterschiedlichsten Annahmen, wie z. B.

- dass, die Paarungsfamilie von Vater, Mutter, Kind die Urfamilie des Homo sapiens sei, oder,
- dass die Kinder nur durch den Schutz des Vaters hätten überleben können, oder,
- dass die Jäger die hauptverantwortlichen Nahrungsbeschaffer der paläolithischen, also der altsteinzeitlichen Gemeinschaft gewesen wären, oder aber,
- dass die Frauen, sich in den Schutz einer monogamen Paarbeziehung begeben hätten, um sich vor den sexuellen Nachstellungen anderer Männer - Bachofen nennt dies die promiske Sumpfzeugung -, zu schützen.

Gerne ist in diesem Zusammenhang von der überlegenen Körpergröße des Mannes, von einem höheren Aggressionstrieb aufgrund des Hormons Testosteron, von Hodengröße und Ejakulatmenge die Rede.

Heute können wir postulieren, dass die Argumente der Urvatergemeinde widerlegt sind. Einen wesentlichen Teil dazu hat Gerhard Bott beigetragen, der sich sowohl in seinem 2009 erschienenen Buch „Die Erfindung der Götter" als auch in dem elektronisch erschienenen zweiten Band (www.gerhardbott.de) fachkundig mit der Urvatergemeinde, wie er sie nennt, auseinandergesetzt hat. Bott schreibt:

Die Lüge vom Urvater:
„Es gibt heute genügend und gute Gründe für die Annahme, dass die paläolithischen homo-sapiens-Wildbeuter in Gemeinschaften oder Genossenschaften lebten, in denen sich zu einer Bluts-Familie von Frauen eine Gruppe exogamer Männer gesellte", und: „Die paläolithischen Wildbeutergemeinschaften – das ist heute ebenfalls belegt – waren egalitäre, akephale Gruppen ohne Hierarchie, ohne „Horden-Chef", ohne Häuptling oder Gentilvorstand; denn Hinweise auf Hierarchie, die sich immer zuerst an der Ungleichheit der Bestattung zeigt, gibt es erstmals im Neolithikum. Erst im Neolithikum beginnt das, was wir Herrschaft nennen und Herrschaft ist immer ein Kennzeichen des Patriarchats" (S.25).

Bereits ein paar Seiten vorher konstatiert Bott:

„Für das in der patriarchalischen Wissenschaft verkündete Wunsch- und Trugbild vom die „Familie" schützenden und dominierenden Urvater gibt die Soziobiologie also absolut nichts her, sondern sie beweist das Gegenteil: nicht „der Vater" schützt „seine" Kleinfamilie vor Gefahren, sondern alle males schützen und verteidigen

> ihre Horde gemeinschaftlich, wobei ihnen das Kollektiv der „females" mit seiner hochausgebildeten Solidarität beste Unterstützung gibt"(19).

Die Urfamilie des Menschen ist also keine Vater-Mutter-Kind-Paarungsfamilie, sondern eine Blutsfamilie in matrilinearer Abstammung mit einem durch Chemotaxis gesteuerten Inzestverbot innerhalb dieser matrilinearen Abstammungslinie und einer daraus resultierenden sexuellen exogamen Partnerwahl innerhalb eines endogamen Stammes. Einfacher ausgedrückt bedeutet dies: Die Mütter standen soziologisch gesehen von Anbeginn der Menschwerdung im Zentrum der menschlichen Gemeinschaft und um dieses mütterliche Zentrum entstand das erste religiöse Weltbild von Gott der MUTTER als Kosmischer Mutter.

Die Geschichte der Menschheit wissenschaftlich fundiert statt patriarchal ideologisiert

Unter Berücksichtigung der neuesten interdisziplinären wissenschaftlichen Forschungsergebnisse können wir religionshistorisch und soziologisch drei Phasen in der Menschheitsgeschichte bestimmen:

- **Die aseitätische Gott die MUTTER Phase:** In der gesamten Steinzeit, der Zeit der „Heiligen Steine", treffen wir auf die Vorstellung einer aus sich selbst Leben schöpfenden MUTTER (aseitätische oder parthenogenetische MUTTER). Der gesamte Kosmos wird als mütterlich wahrgenommen. Daraus entwickelt sich weltweit als erste Religion, die Religion von **Gott der MUTTER, als der Kosmischen Mutter des Universums**. Die **Erde** selbst ist eine Mutter, die **Sonne** wird täglich von der Kosmischen Mutter geboren und auch **Frau Mond** mit ihren drei sichtbaren Hörnerphasen und der unsichtbaren dreitägigen Schwarzmondphase steht in engem Bezug zum weiblichen Menstruationszyklus und fügt sich wie die Sonne in den uralten **Wiedergeburtsglauben von Gott der MUTTER** ein. Aus den drei sichtbaren Phasen von Frau Mond entwickelt sich das Verständnis der dreifachen Erscheinungsform von Gott der MUTTER, der religionshistorisch ältesten **Trinität**, die in den **Farben der Kosmischen Mutter Rot, Weiß und Schwarz** erkannt wird. **Rot** steht für das **heilige Menstruationsblut**, das Voraussetzung ist, um

Mutter zu werden, aber auch für das Nabelblut der Nabelschnur, der **Schlange des Lebens**, mit der neues Leben im **Bauch der Mutter** genährt wird. **Das Blut der Frauen, der Bauch der Frauen, einschließlich der Höhlen als Erdbauchmutter, aber auch die Schlange als Symbol für die Mutter und Kind verbindende Nabelschnur, sind zentrale Lebensattribute und daher in der Religion von Gott der MUTTER heilig.** Die Heiligung von Menstruationsblut und Nabelblut, als an Leben gekoppeltes Blut der Mütter, macht ein Blutopfer, wie wir es aus späteren patriarchalen Zeiten kennen, unnötig und kommt daher auch nicht vor. Die Farbe **Weiß** steht für die Milch der Mutter, für die **Mondmilch** und die **Milchstraße** am Firmament, aber auch für das Weiß der **Knochen**, die nach dem Tod und der damit verbundenen Verwandlung aller organischen Substanz in schwarze fruchtbare Mutterhumuserde noch in der Erde zurückbleiben. Und hier sehen wir auch die Bedeutung der Farbe **Schwarz**. In der Schwärze des **Mutterbauchs**, in der Schwärze der **Erdbauchhöhle**, in der Schwärze der **Nacht**, in der dreitägigen schwarzen Phase von Frau Mond und in der Dunkelheit des **Winters** geschieht die **Magische Wandlung des Todes in neues Leben**. Hierdurch wird der Kreislauf des Lebens aufrechterhalten. Verwandtschaftlich zählt nur die **unilineare matrilineare** Abstammung, denn Vaterschaft ist aufgrund der freien Sexualität der Frauen, der sogenannten **female choice** kaum nachvollziehbar und daher unwichtig (Bott, Ger-

hard, 2009; Uhlmann, Gabriele, 2011, 2012). Ein Zusammenleben erfolgt in **matrilokalen** Sippen (Bott, Gerhard, 2009).
- **Die Phase der Göttinnen und Götter mit herrschaftsbezogener Heiliger Hochzeit und Blutopferkult als beginnender Patriarchatsphase:** Erst mit dem Beginn der **Rinderdomestikation**, circa 7000 v.u.Z., welche die Jägerökonomie des Mannes zunehmend ablöst und der bei der Rinderdomestikation gewonnenen Beobachtung, dass ein Bulle viele Kühe befruchten kann, erwacht langsam ein **väterliches Bewusstsein**. Daraus entwickelt sich im Laufe der nächsten Jahrtausende der Glaube, dass die männliche Fruchtbarkeit der weiblichen überlegen ist. Die Rinderdomestikation markiert den **Beginn von Herrschaft**, denn der Rinderdomestikation liegt der Tabubruch der **Freiheitsberaubung** und **Hierarchisierung** im großen Stil zugrunde. Hieraus entwickelt sich der Privateigentumsbegriff, aber nicht umsonst heißt **privare rauben**. Unsere Wirtschaftsform des **Kapitalismus** geht bis heute auf die **„capites"**, die Häupter einer Herde zurück. Die aseitätische Gott die MUTTER als Kosmische Mutter, wird zunehmend in eine Vielzahl von Göttinnen aufgespalten. Männliche Götter, die das erste Mal circa 3000 v.u.Z. erscheinen, werden noch gedacht als Sohn der Mutter und den Göttinnen z.B. als **Vegetationsgott** zur Seite gestellt. Daraus entwickelt sich allmählich das Ritual der sogenannten **„Heiligen Hochzeit"**, mit welcher der Mann versucht seinen Herrschaftsanspruch zu legitimieren. Dieser männlich-hierarchische Herrschaftsanspruch bringt

Blutopferrituale mit sich, denn der Mann verfügt ja weder über das heilige Menstruationsblut noch das nährende Bauchmutternabelblut und kann daher nur, auf mit Gewalt verbundene Imitationen von Blutopfern zurückgreifen. Mit der „Heiligen Hochzeit" entsteht **Politische Theologie**, denn **Heiligung im Patriarchat** ist immer verbunden mit **Hierarchie und Herrschaft**. Deshalb entsteht aus den Götterpaaren, wie wir sie in Ägypten bei Isis und Osiris kennen, relativ schnell ein **hierarchischer Götterpantheon unter männlicher Herrschaft**. Beispiele hierfür sind die Götterwelt der Griechen, der Römer und der Germanen. Parallel treten wir mit der zunehmenden Veränderung des ursprünglichen Bildes von Göttlichkeit als Gott der MUTTER in das sogenannte **Kriegszeitalter** ein, das mit einer ausgebauten Metallgewinnung während der Bronze- und Eisenzeit kontinuierlich zunimmt. Tatsächlich ist eine Metallgewinnung im großen Stil nur denkbar nach dem **Kulturbruch der Entheiligung von Gott der MUTTER**. Verwandtschaftliches Kennzeichen der beginnenden Patriarchatsphase ist die langsame Ablösung der unilinearen matrilinearen Abstammung durch ein **bilineares Verwandtschafts- und Erbschaftssystem**.

- **Die Phase der Vater-Schöpfer-Götter mit hohem Blutzoll als verschärfte Patriarchatsphase:** Ab 1500 v.u.Z. erscheint mit Aton in Ägypten der erste monotheistische männliche Gott. In diese Zeit fällt der sogenannte **mythologische Muttermord**, wie wir ihn z.B. im babylonischen

Weltschöpfungsepos ENUMA ELISH 1100 v.u.Z. im Kampf zwischen Marduk und der Göttin Tiamat beschrieben finden. Mit dem Judentum setzt sich in der Zeit von König Josia ab circa 650 v.u.Z. erstmals eine rein **monotheistische Theologie** gesellschaftlich durch. Damit Vaterschaft und patrilineare Erbfolge möglichst abgesichert sind, wird die seit Urzeiten geltende freie Sexualität der Frauen, die sogenannte **female choice**, in den matrilokalen Clans durch ein neues Familienmodell in Form der **patrilinearen Ehe** gesellschaftlich durchgesetzt. Die Tochter verlässt die Ursprungsfamilie der Mutter und zieht zu ihrem Mann. Der Vater wird das Oberhaupt des neuen soziologischen Familienmodells und **Gott der HERR** übernimmt als JAHWE, GOTTVATER oder ALLAH die politisch-theologische Herrschaft über den größten Teil der Welt. **Der Hirte ist dein HERR** wird die neue gesellschaftliche Maxime, denn alle drei monotheistischen Religionen sind **Hirtenreligionen**. Während die Juden als älteste monotheistische Religion ihre Abstammung bis zum heutigen Tag noch matrilinear auf die Mutter zurückführen, sind das Christentum und der Islam rein patrilinear ausgerichtet, d.h. es zählt nur noch die Abstammung vom Vater. **Gott die MUTTER** wird abgeschafft und zur jungfräulich-keuschen **Magd des HERRN** degradiert. **Das Blut der Frauen, die Geburt und der Tod gelten ab sofort als unrein und die Schlange als einst heiliges Tier wird dämonisiert und verflucht.**

Gott die MUTTER als Kosmische Mutter des Universums

Bis heute beschreiben wir unsere Landschaft mit körperlichen Begriffen. Wir sprechen von Bergrücken, Bergfuß, Bergkopf oder von Flussarm und Meerbusen. Gleichzeitig hat sich bis heute das Verständnis von Mutter Erde, von Mutterboden erhalten. Wenn die Erde aber weltweit eine Mutter ist, dann muss es sich bei den landschaftlich-körperlichen Begriffsbeschreibungen um die Beschreibung des mütterlichen Körpers handeln, der ursprünglich als heilig empfunden wurde. In unserer Kultur ist das Wissen um die Erde als mütterlicher Körper während der Inquisition leider weitgehend verloren gegangen, und so macht es Sinn von einer alten Kultur zu lernen, die dieses Wissen besser bewahrt hat. Schauen wir hierzu nach Australien, denn die Aborigines haben bis heute viel von dem Alten Wissen erhalten. Ganz Australien ist demnach ein mütterlicher Landschaftskörper, der von den Aborigines **Bandaiyan** genannt wird und als heilig verehrt wird.

Bandaiyan – der mütterliche Landschaftskörper Australiens:
Die Aborigines in Australien kennen aus ihren Traumzeitmythen, welche die Ahnenwesen ihnen als Verhaltensmuster hinterließen, die Regenbogenschlange als bedeutendstes Schöpfungswesen. Sie wird sowohl mit Felsen als auch Wasserlöchern in Verbindung gebracht und ist die **Ahnin aller Lebensformen, die Allmutter** (Voigt; Drury, 1998, S. 35). In den Songlines der Aborigines oder auch in der Verehrung der **Uluru** (Ayres Rock),

was soviel bedeutet wie **„Heiliger Stein der Mutter Erde"**, drückt sich die enge Verbindung von Religion und Landschaft aus, die wir weltweit finden können, die aber gerade in Australien, im Wissen der Aborigines, besonders gut bewahrt wurde. James G. Cowan schreibt hierzu in seinem Buch „Offenbarungen aus der Traumzeit", in seinem Kapitel „Mythos und Landschaft" auf Seite 114:

„Uluru ist ein komplexes Netzwerk mythischer Motive, die sich miteinander als topographische Charakteristiken vermengen. Für die meisten Aborigines in ganz Australien ist **Uluru** *der wirkliche* **Nabel** *der Welt. Bedeutender ist jedoch, dass der Kontinent wie ein gigantischer* **menschenähnlicher Körper** *gesehen wird, mit dem alle Aborigines vertraut sind".* Der Autor bezieht sich hierbei auf David Mowaljarlai und beschreibt den australischen Kontinent folgendermaßen: *„Der gesamte Körper Australiens ist* **„Bandaiyan"***. Die Vorderseite nennen wir „Wadi", das ist die* **Bauch**seite*, da der Kontinent flach auf seinem Rücken liegt. So ragt er aus der Oberfläche des Ozeans hervor. Tief darunter befindet sich „Wambalma" das Gesäß, von dem die Oberschenkel in das Becken und zur anderen Seite übergehen. Im Inneren des Körpers befindet sich „Wunggud" (Ungud), die Schlange, die die Natur repräsentiert. Die Seitenbereiche sind „Ungu Djullu", die Rippen. Dieser Teil erstreckt sich über das ganze Land, das über dem Nabel liegt. Und dieser Nabel ist Uluru – das Zentrum, das „Wangigit" genannt wird ..."*

Tatsächlich können wir die Heiligung des mütterlichen Landschaftskörpers weltweit finden. Gott die MUTTER wird in zahlreichen **Mutterbergen, Steinen und Felsformationen** verehrt. In diesem Zusammenhang sei nur an den höchsten Berg der Welt im Himalayagebirge erinnert, den die Europäer in kolonial-imperialistischer Überheblichkeit nach einem Landvermesser in Mount Everest umbenannt haben. Der ursprüngliche Name dieses höchsten Mutterbergs der Welt ist allerdings **Chomulung-Ma**, das heißt **„Mutter des Universums"**. Ein weiterer Name dieses Mutterbergs ist **„Weiße Himmelsgöttin"**. Und die Chomulung-Ma ist kein Einzelfall. Der ebenfalls sich in Nepal befindliche Mutterberg **Annapurna** hat die Bedeutung von **„nahrungsspendender Göttin"** oder **„Göttin der Fülle"**. Weitere Mutterberge finden wir im japanischen Fujiya-Ma, beim höchsten Berg in Afrika, der Kili-Ma Njaro, beim höchsten Berg im Iran, der Da-Ma-vand, dem Mutterberg Ma-cchu Picchu in Peru, oder beim höchsten Berg der Türkei der Ma-sis, der auch Berg Ararat genannt wird. Auch in Europa treffen wir auf diese Mutterberge. Der von patriarchalen Mönchen okkupierte Berg Athos heißt eigentlich „To perivoli tis Panagias", was Garten der Allmutter bedeutet, und der berühmteste Berg in der Schweiz, das Materhorn, das Horn der Mutter, ist ebenfalls ein bedeutender Mutterberg (Armbruster, Kirsten, 2010, S. 45-59). Berge, Felsen, Steine spielen in der Religion von Gott der MUTTER von Anfang an eine große Rolle, weshalb man auch von der Steinzeit spricht, **der Heiligen Zeit der Steine**.

Ba-ityl, die heiligen Steine der Kosmischen Mutter
Über die vorislamischen Araber ist allgemein bekannt, dass sie keine Götterbilder verehrten, sondern heilige Steine, die **Ba-ityl** genannt werden (siehe auch **Bethel/Betyl/Betula/Bethen**). Sie repräsentieren Gott die MUTTER, oft in ihrer dreifachen Erscheinungsform. Die drei Mütter des Lebens und des Todes wurden in voris-

lamischen Zeiten auch am heute heiligsten Wallfahrtsort der Moslems, in Mekka, im **schwarzen Stein der Kaaba** verehrt. Wie kennen sie unter dem Namen **Al-LAT, AL-UZZA und MANAT**. **Allat** ist wie die Göttin Artemis von Ephesus die milchgebende Weiße (laban=Milch, arabisch; lac=Milch, französisch; siehe auch Laktation). **Al-Uzza** bedeutet die Stärkste. Ihr Hauptheiligtum bestand in **Suqam im Wadi Hurad bei Nakhla** aus **drei Samura-Bäumen** (Schirmakazien) und einem **heiligen Stein** mit einer **Höhle** Manat bedeutet Schicksal. Ihr war ein großer **schwarzer Stein** geweiht, der sich an der Küste bei **Qudayd** zwischen Mekka und Medina befand (Wikipedia, Stichwort Altarabische Gottheiten, Armbruster, Kirsten, 2007). In **Le Puy-en-Velay** in Frankreich, in der Vulkanlandschaft der südlichen Auvergne, finden wir ebenfalls einen **heiligen schwarzen Stein**, der auch heute noch Ziel vieler Wallfahrten ist, gehört er doch zum französischen Teil des heute patriarchal okkupierten Jacobwegs, dem einstigen Weg über den **Sternenplatz der Göttin in Campus Stella nach Finisterra**, zum Ende der Welt. Dort in Finisterra, am Ende der Welt, treffen wir auf La mer, Gott die MUTTER als Mutter des Meeres (franz. la mère=Mutter). Im Meer finden wir die **Muscheln**, die Bauchmütter des Meeres, die schon als Grabbeigaben im Paläolithikum anzutreffen sind und der Wiedergeburtsreligion der Kosmischen Mutter zugeordnet werden können. In der Kathedrale von Le Puy-en-Velay stoßen wir nicht nur auf den eingefassten Schwarzen Heilstein, sondern auch auf **drei Schwarze Madonnen** und eine **Weiße Anna**. Die heutige Kathedrale, die, wie alle Kathedralen, als Kirchenschiff die Bauchmutterhöhle von Gott der MUTTER imitiert, befindet sich direkt unterhalb des Corneille, des **Rabensteins** von Le Puy-en-Velay, auf dem heute eine überlebensgroße **Rote Ma-**

donna steht. Versteht man die Wurzeln von Religion, so versteht man auch, warum der Jacobsweg durch unzählige, einst heilige Orte der Kosmischen Mutter führt und warum **das Wahrzeichen des Jacobwegs bis heute die Muschel ist, die Bauchmutter des Meeres**.

In **Riedenburg im Altmühltal** in Deutschland, nur wenige Kilometer von der **Klausenhöhle** entfernt, in der bisher die älteste Rötel-Bestattung Deutschlands gefunden wurde, auch hier treffen wir auf die einstige Verehrung eines auch heute noch weiblich benannten auffälligen Felsens, den **Frauenstein von Riedenburg**. Der Name Riedenburg wird gerne auf einen Grafen Rito zurückgeführt, aber wahrscheinlicher ist, dass Riedenburg ursprünglich **Ritenberg** hieß und ein Ort war, wo die alten Riten von Gott der MUTTER als Kosmischer Mutter bekannt waren und ausgeübt wurden, denn Riedenburg hat gleich drei heilige Felsen: den **Frauenstein**, dann wie in **Le Puy en Velay** einen **Rabenstein** und den **Drachenstein**, zu dem es eine Sage über drei Burgfräulein gibt, was ein Hinweis auf die dreifache Göttin ist (siehe hierzu „Der Kult der drei Jungfrauen" in dem Kapitel „Die Jungfrau ist nicht keusch"). Unterhalb des Rabensteins mündet eine **Quelle** direkt in den Ort, die auch heute noch als Naturdenkmal aufgeführt wird. Unweit vom Drachenstein treffen wir auf den **Katzensteig** und damit auf das Tier, das, wie der **schwarze Rabe** mit der Religion der Kosmischen Mutter assoziiert ist. Katze und Rabe sind bis heute Attribute von **Hexen**, den einst weisen Frauen und Priesterinnen der Alten Religion. In patriarchalen Zeiten wurden diese Frauen, welche die Alte Religion von Gott der MUTTER nicht aufgeben wollten, als Hexen diffamiert und in der Zeit der Hexenverfolgung grausam gefoltert und getötet. Dass dies auch in dieser Gegend der Fall war, bezeugt der Kelheimer Hexenhammer und, die im Nachbarort von Hexenagger, in Tettenwang, dokumentierte Hexenverfolgung der Klostermüllerstochter und ihrer ganzen Familie (Riezler, von, Sigmund, S. 199-201). Weitere Hinweise darauf, dass die Religion der Kosmischen Mutter im Volksglauben einst tief verankert war, erhalten wir dadurch, dass ein Weg vom Drachenstein zum **Mandelberg** führt, wobei die Mandel, ebenso wie die Rose, immer mit der einst heiligen Vulva der Frau mythologisch verbunden ist. Natürlich ist es auch kein Zufall, dass das Wappen der Stadt Riedenburg bis heute die **dreifache Rose** ist, das Symbol von Gott der MUTTER in ihrer dreifachen Erscheinungsform. Auch zum Frauenstein existiert eine Legende mit deren Hilfe wir die Verehrung der Kosmischen Mutter in ihren einst heiligen Felsen in dieser Landschaft nachvollziehen können. Über den Frauenstein von Riedenburg wird nämlich eine christianisierte Legende über die Muttergöttin Maria als **Bet-tlerin**, tradiert, in der, wie wir erkennen können, das alte **Stein-Haus-Wort Bethe** immer noch enthalten ist.

Die Bettlerin vom Frauenstein:
„Der Weg von Riedenburg nach Buch führt über den Lintlberg an einem Felsengebilde vorüber, das einer menschlichen Gestalt, die einen Korb am Arm trägt, sehr ähnlich sieht. In alter Zeit, als die Bäuerinnen aus Buch in ihren Körben Eier und Schmalz nach Riedenburg zum Markt trugen, stand hier jedesmal eine Bettlerin am Weg und bat um eine Gabe. Es war die Mutter Gottes, welche die Almosen den Armen verteilte. Einmal kam eine Bäuerin herab, ein geiziges und unfreundliches Weib. Sie hatte ihren Korb zugedeckt. Die Bettlerin am Weg bat sie um die gewöhnli-

che Gabe. Aber die Bäuerin beteuerte, nichts bei sich zu haben. Das wollte ihr das Bettelweib nicht glauben. „Wenn ich etwas im Korb habe, soll ich zugleich zu Stein werden". Da wurde sie von der Muttergottes zu Stein verwandelt und steht heute noch als wandelnde Gestalt am Weg. Die Felsengestalt heißt Frauenstein (Schlund, Hans-Hermann, 1985, S. 148).

Derungs interpretieren die Legende über den Frauenstein von Riedenburg folgendermaßen:

„Ebenfalls um einen Felsen handelt es sich beim Frauenstein. Eine Fotographie von 1905 zeigt den heiligen Stein am Klammweg zwischen Buch und Riedenburg am Lintlberg. Verschiedene Fluren sind heute stark verwaldet, und auch in der Bevölkerung ist der Kultstein kaum mehr bekannt. Dennoch erkennen wir, dass der Frauenstein auf einem Felsen ruht und die Gestalt einer sitzenden und üppigen Frau darstellt. Zu sehen ist ihr Körper und ihr Kopf. Auch soll sie einen „Korb" bei sich tragen. Ihr Blick schweift über die Landschaft, die Felder und die Anhöhen. Wer ist nun diese seltsame Steinfrau, die durch Maria in diesen Felsen verzaubert worden sein soll? Zweifellos begegnen wir hier der Landschaftahnin der Region Riedenburg, gleichsam der zu Stein gewordenen Erdgöttin, welche die Menschen mit ihren Früchten ernährt. Deshalb wird sie in der oben erwähnten Legendensage als „Bäuerin mit vollem Korb" beschrieben. Sie ist weder „mürrisch" noch „geizig", sondern bringt aus ihrem Erdschoß (Korb) neues Leben hervor. Sie ist die Frau mit dem „Kessel", die das Leben in ihr geheimnisvolles „Füllhorn" zurücknimmt, es aber auch wieder entstehen lässt. Vielfach wird sie ein-

fach" die Alte" oder „Alte Mutter" genannt" (Derungs, Kurt und Isabelle M, 2006, S. 46/47).

Die patriarchale Geschichtsschreibung führt den Begriff Steinzeit ausschließlich auf die Verwendung von Steinwerkzeugen zurück und verbreitet in diesem Zusammenhang die Irrlehre, dass der Mann als Jäger der Haupternährer der Sippen war. Diese Jägertümelei in Verbindung mit der Fehlinformation, dass der Mensch in erster Linie ein Fleischfresser war, hat heute wissenschaftlich keinen Bestand mehr. Tatsächlich weiß man inzwischen, dass Frauen vor der Sesshaftigkeit durch das Sammeln von wildwachsenden Pflanzen, Nüssen, Früchten und durch das Stellen von Fallen für Kleintiere für den größten Teil der Nahrungsbeschaffung zuständig waren. Steve Taylor nennt Zahlen über die Nahrungsversorgungsleistung durch Frauen von 80 bis 90 Prozent (Taylor, Steve, 2009, S. 50). Gerhard Bott weist in diesem Zusammenhang klar daraufhin, dass **Wildbeutergemeinschaften**, und um solche handelt es sich im Paläolithikum, **keine Jägergesellschaften** sind. Er schreibt:

„Wesentlich ist in diesem Zusammenhang, dass heute nachgewiesen ist, dass der entscheidende ökonomische Beitrag, der die Horde, oder besser Genossenschaft versorgte, vom sammelnden Frauenkollektiv erbracht wurde. Die Frauen besorgten neben Wasser und Brennholz auch mindestens 70 bis 75 Prozent der Gesamtnahrung, während der Zusatzbeitrag der Jäger nur 25 bis 30 Prozent ausmachte" (Bott, Gerhard, 2009, S. 24).

Es gehört also zur patriarchalen Gehirnwäsche, wider besseren Wissens, auch heute noch von Jägergemeinschaften zu sprechen, während es sich in Wahrheit um

Wildbeutergemeinschaften handelt. Tatsächlich bezog sich die Bezeichnung Steinzeit also nicht nur auf die Werkzeuge, sondern sie bezog sich auch ursprünglich auf einen religiösen Aspekt, nämlich die Verehrung heiliger Steine, so dass man in der Religion von Gott der MUTTER von der Zeit der Heiligen Steine sprechen kann.

Bis heute durchzieht der **Kult der Bethen**, wie Ernie Kutter erforscht hat, auch unser Leben und unsere Kultur (Kutter, Ernie, Der Kult der drei Jungfrauen). Das Wort **Bethen** findet sich auch im keltischen Wort **bit**, **betho**, was immerwährend, **ewig** bedeutet (Walser-Biffiger, Ursula, S. 64). Derungs erläutern die Wortbedeutung von beth folgendermaßen:

Bethe: Der heilige Stein als Sitz von Gott der MUTTER:
„Die Wortwurzel beth ist alteuropäisch und altorientalisch. In semitischen Sprachen ist ein Wort Betula bekannt, das eine sakrale Frau bezeichnet. Doch vor allem ist das biblische Wort bethel oder das altgriechische Wort Betyl mit unserem Wort verwandt. Dabei bezeichnet Bethel/Betyl einen heiligen Stein als Sitz einer Gottheit" (Derungs, Kurt und Isabelle M., 2006, S. 48). Bis heute hat in den semitischen Sprachen das Wort „beth" zudem die Bedeutung von **Haus** und kennzeichnet damit deutlich den Wirkungskreis von Frauen, so dass wir schlussfolgern können, dass es sich nicht einfach um eine Gottheit handelt, sondern um eine weibliche Gottheit, eine Göttin. **Bethe bedeutet also: Der heilige Stein als Sitz von Gott der MUTTER.** Tatsächlich geht der Kult der Bethen auf die steinzeitliche, also seit ewigen Zeiten existierende, aus sich selbst Leben schöpfende, aseitäti-

sche, parthenogenetische Kosmische Mutter zurück, die im menschlichen Bewusstsein verewigt ist. Da Menschen Nabelgeborene sind, und dies in ihrem Bewusstsein natürlich seit ewigen Zeiten verankert ist, ist sie Gott die MUTTER. Da ein Vater naturgemäß nicht nabelgebären kann, kann er soziologisch und religionshistorisch niemals am Anfang von Schöpfung stehen. Menschheitsgeschichtlich ist er eine Kurzerfahrung und deshalb konnte er, aller Machtanstrengungen zum Trotz, **die Ewige** nie verdrängen.

Die Menschen sahen aber nicht nur in der Erde die Mutter, sondern sie gingen von einem gesamtmütterlichen **Kosmos** aus, weswegen wir von Gott der MUTTER als Kosmischer Mutter des Universums sprechen können. Als heilig verehrt wird sie in ihren Erdbauchhöhlen, ihren Bergen, ihren Quellen, ihren Flüssen, ihren Teichen, ihren alten Bäumen, ihren Steinen, ihren Felsen und dem Meer. Sie ist aber auch die Mutter der Menschen, die Mutter der Tiere, die Mutter der Heilung und der Regeneration, und besonders tröstlich und wichtig die Mutter des Guten Todes, die Tod-in-Leben-Wandlerin. In der **pechschwarzen Madonna von Clermont Ferrand in der Auvergne** in Frankreich, am Fuße des **Le Puy de Dôme**, finden wir noch den tröstlichen Aspekt der Kosmischen Mutter, denn die Schwarze Madonna von Clermont Ferrand heißt bis heute „**La Bonne Mort**", die Gute Frau Tod. Das dies kein christliches Verständnis einer Madonnenfigur ist, sondern auf die Alte Religion von Gott der MUTTER zurückgeht, ist sofort offensichtlich.

Die magische Wandlung von Leben in Tod und von Tod in Leben, die die Menschen in ihrem Alltag beobachten konnten, bezieht den gesamten **Kosmos** mit ein. Der

Morgen beginnt mit der Morgenröte, dann folgt das weiße Licht des Tages und mit der Abendröte versinkt die Sonne scheinbar in der Schwärze der Erdbauchhöhle und in der Schwärze der Nacht. Parallel erfahren die Menschen, dass mit dem Beginn der Menstruationsblutung, also mit dem Rot des Frauenblutes, die Fähigkeit der Frauen beginnt, Mütter zu werden und neues Leben zu gebären. Das Weiß der Muttermilch ernährt die Säuglinge, wie das Weiß des Tages den Menschen ermöglicht auf Nahrungssuche zu gehen. In der Schwärze der Nacht erfolgt die Regeneration des Lebens. Diesen Kreislauf des Lebens erfahren die Menschen in drei Hauptzyklen. Sie erleben

- Die tägliche Wiedergeburt der Sonne
- Die monatliche Wiedergeburt von Frau Mond
- Die jährliche Wiedergeburt der Jahreszeiten.

Bis heute haben im Christentum die Weißen, Roten und insbesondere auch die Schwarzen Madonnen, die besonders häufig Ziel großer Wallfahrten sind, dieses Wissen der Alten Religion von Gott der MUTTER bewahrt. Die katholische Maria wird deshalb auch nicht zufällig besonders häufig auf der **Mondsichel**, im **Strahlenkranz der Sonne** oder mit einem **Sternenkranz** dargestellt. Biblisch ist das ebenfalls nicht.

Anna und Maria in der Bibel:
Anna, die Mutter Marias wird in der Bibel nirgendwo erwähnt und in den Apokryphen nur als Gattin von Joachim. Auf den circa 1100 Seiten des Alten Testaments kommt Maria überhaupt nicht vor. Auf den circa 330 Seiten des neuen Testaments kommt Maria nur in den

unten angegebenen Texten vor. Diese Texte passen auf eine Bibelseite, d.h. Maria nimmt im Neuen Testament nur 0,3 % des Textes ein. In der kompletten Bibel kommt Maria nur zu 0,06 % vor, und wie wir an der folgenden Zusammenstellung ersehen können, erscheint sie nie in einem wesentlichen Glaubenszusammenhang:

Maria im Neuen Testament

Matthäus- und Markusevangelium:
-Jakob zeugte Joseph, den Mann Marias, von welcher ist geboren Jesus
-Als Maria seine (Jesus) Mutter, dem Joseph vertraut war, fand sich ehe er sie heimholte, dass sie schwanger war von dem heiligen Geist
-Joseph, du Sohn Davids, fürchte dich nicht, Maria, deine Frau zu dir zu nehmen, denn das in ihr geboren ist, das ist von dem heiligen Geist
-Da sie den Stern sahen, wurden sie hocherfreut und gingen in das Haus und fanden das Kindlein mit Maria, seiner Mutter, und fielen hernieder und beteten es an und taten ihre Schätze auf und schenkten ihm Gold
-Stehe auf und nimm das Kindlein und seine Mutter zu dir und flieh nach Ägyptenland und bleib allda, bis ich dir sage.... Und er stand auf und nahm das Kindlein und seine Mutter zu sich bei der Nacht und entwich nach Ägyptenland
-Stehe auf und nimm das Kindlein und seine Mutter zu dir und zieh hin in das Land Israel
-Heißt nicht seine Mutter Maria?
-Maria, die Mutter der Kinder
-Es war aber allda Maria Magdalena und die andere Maria (des Jakobus Mutter; Markus-Ev.), die setzten sich gegen das Grab

-kam Maria Magdalena und die andere Maria (des Jakobus Mutter), das Grab zu besehen
Lukas-Evangelium:
-Zu einer Jungfrau, die vertraut war einem Mann mit Namen Joseph, vom Hause David und die Jungfrau hieß Maria
-Und der Engel sprach zu ihr: Fürchte dich nicht, Maria! Du hast Gnade bei Gott gefunden
-Da sprach Maria zu dem Engel: Wie soll das zugehen, da ich von keinem Manne weiß?
-Maria aber sprach: Siehe ich bin des HERREN Magd; mir geschehe wie du gesagt hast. Und der Engel schied von ihr.
-Maria aber stand auf in den Tagen und ging auf das Gebirge eilends zu der Stadt Judas und kam in das Haus des Zacharias und grüßte Elisabeth. Und es begab sich, als Elisabeth den Gruß Marias hörte, hüpfte das Kind in ihrem Leibe. Und Elisabeth ward des heiligen Geistes voll und rief laut und sprach: Gebenedeit bist du unter den Weibern, und gebenedeit ist die Frucht deines Leibes! Und woher kommt mir das, dass die Mutter meines HERRN zu mir kommt? Siehe, da ich die Stimme deines Grußes hörte, hüpfte mit Freuden das Kind in meinem Leibe. Und o selig bist du, die du geglaubt hast! Denn es wird vollendet werden, was dir gesagt ist von dem HERRN. Und Maria sprach: Meine Seele erhebt den HERRN, und mein Geist freuet sich Gottes, meines Heilands; denn er hat die Niedrigkeit seiner Magd angesehen. Siehe, von nun an werden mich selig preisen alle Kindeskinder, denn er hat große Dinge an mir getan, der da mächtig ist und des Name heilig ist.
-Und Maria blieb bei ihr (Elisabeth) drei Monate; danach kehrte sie wiederum heim.

-Auf dass er sich schätzen ließe mit Maria, seinem vertrauten Weibe, die ward schwanger.
-Maria aber behielt alle diese Worte und bewegte sie in ihrem Herzen.
-Und Simeon segnete sie und sprach zu Maria, seiner (Jesus) Mutter

Johannes-Evangelium:
-Da nun Jesus seine Mutter sah und den Jünger dabeistehen, den er lieb hatte, spricht er zu seiner Mutter. Weib, siehe, das ist dein Sohn!
-Es stand aber bei dem Kreuze Jesu seine Mutter und seiner Mutter Schwester, Maria des Kleophas Weib und Maria Magdalena.

Apostelgeschichte:
-Diese alle waren stets beieinander einmütig mit Beten und Flehen samt den Weibern und Maria, der Mutter Jesus und seinen Brüdern

Die Figur der praktisch biblisch nicht existierenden **Anna** wurzelt tatsächlich in vorchristlichen Zeiten. Ihre in Kirchen häufig zu findende Darstellung, insbesondere auch in der Figur der **Anna-Selbdritt** zusammen mit Maria und Jesus, verweist noch auf die ursprüngliche **matrilineare Abstammungsfamilie**, welche die Tochter immer in der Linie der Mutter sieht, in der Linie der Ahnin und das Männliche als im mütterlichen Kontext Eingebettete. Die biblische Bedeutungslosigkeit von Maria steht ebenfalls im krassen Gegensatz zu ihrer hohen Bedeutung im Volksglauben. Das liegt daran, dass **Maria** wesentlich älter ist als das Christentum. Entfernen wir das patriarchale Etikett der keuschen Magd des HERRN und benennen wir sie wieder mit dem richtigen Namen als **Gott die MUTTER**, so werden wir feststellen, dass gerade die Marienorte sich dort befinden, wo die Natur in ihrer weiblichen Göttlichkeit schon seit Menschengedenken verehrt wurde. Paul Devreux schreibt hierzu:

„Die ersten heiligen Orte waren Orte in der Natur. Es war die Erde selbst, die diese ursprünglichen Plätze darbot, an denen sich die Empfindung von Heiligkeit verdichtete. Welches Monument, welche Kultstätte auch immer sich an einem solchen Ort später entwickelt haben mag – alle Gesellschaften wählten zunächst spezifische Naturplätze als ihre besonderen Orte" (S. 44).

Schauen wir uns dies am Beispiel der **Schwarzen Madonna von Altötting** in Bayern (Deutschland) an. Schon der Name Altötting verweist darauf, wer an diesem uralten Wallfahrtsort tatsächlich verehrt wird: **ALT-ÖTTING** steht für die **ALTE GÖTTIN**. Und die Alte Göttin steht für Gott die MUTTER als die Kosmische Mutter mit ihrem Wissen der Wandlung, dem Wissen, wie Tod wieder in Leben verwandelt wird. Sie hat die Farbe des fruchtbaren schwarzen Humus, der die organische Substanz bereit hält, damit aus dem Tod neues Leben entstehen kann. Sie hat ihr Haus in dem schwarzen **oktagonalen Tempel** eingenommen, der auch heute noch im Zentrum von Altötting steht. Und der Alten Göttin wird vor Ort auch in der größten Kirche als **Anna** gehuldigt.

Auf den Spuren der Anna:
Die Silbe „Anna" gehört, ebenso wie die Silbe „Ma", zu den Urmuttersilben. Sehr spannend ist in diesem Zusammenhang auch die Spurensuche nach der in vielen Sprachen verbreiteten Ursilbe ana/anna/anu oder auch dana, die in Asien, im Vorderen Orient und in Europa die Urmutter bezeichnet, die mütterliche Erdgöttin. „So

heißt die Große Göttin in Sumer „In-anna", in Altpersien „Ana-hita", in Altpalästina „Anna", auf Kreta „Diktyanna". Im Keltischen bedeutet „Ana" die Erde, die Urmutter, im Altirischen „Anu" die Göttermutter, im Deutschen die „Ahne" die Sippenmutter" (Göttner-Abendroth, Heide; Derungs, Kurt, (Hg.), 1999, S. 244). Kurt Derungs ergänzt in seinem Aufsatz „Mythologische Landschaft Bodensee", ebenda auf S. 278/279 die Forschungen über die Urmuttersilbe ana/anna/anu/dana: „Die **Donau** selbst bietet ein schönes Beispiel, wie Ahnenverehrung und Landschaft zusammenspielen. Ihr Name geht auf die Große Göttin eines vorindoeuropäischen Europas der Jungsteinzeit zurück mit der Bezeichnung Dana oder Ana. Sie ist in Irland als Bergname erhalten, wo zwei Hügel nach ihren Brüsten benannt sind (the paps of Anu). Ebenso erscheinen sie in der Epentradition als Göttin und Ahnfrau eines sagenhaften Volkes, das die Insel besiedelte (Tuatha De Danann). In Nordwales erhalten wir den Flussnamen Donwy, ebenso einen Nebenfluss des Tern in Shropshire mit Try-donwy, (drei?) Dana. In Nordeuropa ist das Land Däne-mark nach ihr benannt, weiter östlich finden wir die Flüsse Dnjepr (< Danapris), Dnjestr (< Danastris) und Don, der jedoch eine Vermännlichung ihres Namens darstellt. Im Slawischen wird sie auch Dennitsa, die Grösste aller Göttinnen, genannt. Im Alpengebiet sind die Rhone (< Rodanus) und der Inn (< Ainos) zu nennen, der als Nebenfluss wiederum die Sanna (< Danna), Rosanna (< Rodanna) und Trisanna (< Tridanna=Drei-Dannen) besitzt. Auch der Rhein (< Rhenus) geht auf ein Ana-Wort zurück. In der vor-griechischen Mythologie kehrt sie wieder als Göttin Danae oder als drei Danaiden, drei Zauberinnen. Im Orient war sie Dam-Kina (Sumer), Dinah (Hebräisch) oder Danu/Dunnu (Babylon). Nicht nur im Alten Irland gab es ein Volk, das sich nach ihr benannte, sondern auch im Alten Orient. In der Bibel erscheinen die phönizischen Danaiten, über die nur widerwillig geschrieben wurde. Sie werden als Schlangen (Gen. 49,17) bezeichnet, waren also wie das Alte Kreta ein Volk der „Schlange", dem weisen Symboltier der Großen Göttin Dana, das sie selbst darstellte. Ihre vermännlichte Form ist Dan-El oder Daniel. In der Bibel bedeutet das Wort Dan auch „weises Urteil und Gerechtigkeit", was auf die Funktionen und Fähigkeiten der alten matriarchalen Göttin des Landes hinweist. Bei den Angelsachsen wurde Danu/Ana zu Black Annis (Schwarze Anna), Anna of the Angels oder Blue Hag (Blaue Hexe). Bei Dane's Hill in Leicestershire besaß sie einen Höhlenschrein, bekannt als Black Annis' Bower. Im Christentum erscheint die Göttin als dreifache An-beth (< Anabeth), Will-beth und Bor-beth, aber auch als die Mutter Anna der Muttergottes Maria. Dana/Ana ist hier somit die Schwarze Erdgöttin mit der Schlange, was eine sehr archaische Vorstellung ist".

In **Altötting** befand sich die **Annakirche** einst dort, wo heute die Kirche des heiligen Konrad mit dem Heilwasser des Konradbrunnens ist. Das bedeutet, dass es sich in Altötting in Wirklichkeit um ein uraltes Naturheiligtum der Kosmischen Mutter handelt mit einem **Heilbrunnen und einer alten Linde**, von der berichtet wird, dass sie unter dem großen Unmut der Bevölkerung gefällt wurde. Der Brunnen wurde kurzerhand vom christlichen Patriarchat okkupiert, indem man den Pförtner Konrad der ursprünglichen Annakirche zu einem Heiligen erhob, um den eigentlichen **Annacharakter** des Ortes zu verschleiern. Interessant ist in diesem Zusammenhang auch, dass es in Bayern einige sogenannte „**Hexenzentren**" gab, was für das Gebiet zwischen Altötting und Mühldorf zwischen 1681 und 1740 von Siegmund von Riezler belegt ist (Riezler, Siegmund von, S. 406). Dies ist immer ein weiterer Hinweis darauf, dass die Verehrung der Kosmischen Mutter im Volksglauben fest verankert war und nur durch die Gewalt der Inquisition in den Untergrund gedrängt wurde.

Die Schwarze Madonna von Alt-öttinG spricht:
Ihr habt meinen heiligen Baum die Linde gefällt und meinen uralten Heilbrunnen mit einem Pförtner namens Bruder Konrad männlich besetzt, aber so gewaltsam ihr es auch versucht habt, ihr konntet mich nicht auslöschen und nicht verdrängen, weil es nicht in eurer Macht lag. Bis heute werde ich in meinem schwarzen oktagonalen Tempel von den Menschen verehrt und keine phallischen Kirchtürme konnten die Wahrheit je verdecken, weil ich die Schwarze Alte bin, die Uralte Kosmische Mutter. Als Gott die MUTTER werde ich seit Menschengedenken verehrt. Die Zeit des Untergrunds ist nun vorbei. Jetzt gebe ich mich wieder zu erkennen in meiner ganzen Vollmacht. Stellt das **G in Altötting** wieder an seinen originären Platz und ihr werdet erkennen, wer ich wirklich bin. Nicht die Magd des Herrn, die *seinen* Sohn geboren hat, sondern die Alt-Göttin, die uralte Tod-im-Leben-Göttin, diejenige aus der alles Leben geboren wird, und diejenige zu der alles Leben zurückkehrt. Ich bin die, die den Kreislauf des Lebens bewacht. Ich bin die Schwarze Mutter Erde selbst und die uralte Kosmische Mutter, die die Sonne gebiert und sich in den Phasen von Frau Mond widerspiegelt. Ich bin die uralte Himmelskönigin, die euch nachts in ihrem Sternenkleid erscheint. Ich bin die Hörnermutter mit ihrem Mondtier und die alte Ahnin der Landschaft, die die Drachenschlangenkraft der Flüs-

se und Bäche lenkt. Ich zeige mich in meinen heiligen Mutterbergen, doch auch die Tiefen der Seen und Meere sind mein. Ich bin die sprudelnde Quelle, die eure Bet-Brunnen tränkt. Ich wohne in meinen Höhlen und Schlupfsteinen, die meine heilige Vulva sind, und das Leben wird in meinen Bauchmutterhöhlen geschöpft und im Kreisen und Kugeln zur Reife gebracht. Ich zeige mich in meinen Mutterfarben rot, weiß und schwarz und wache als Bethe oder Sara in meinen Felsen und heiligen Steinen über das Land. Ich erscheine in meiner dreifachen Form, wie Frau Mond, doch auch die vier, die Phase der Schwarzen Frau Mond gehört zu mir. Die vier Himmelsrichtungen habe ich euch zur Orientierung geschenkt, ebenso wie die vier heiligen Elemente und die vier Jahreszeiten. In der drei plus vier gebe ich mich zu erkennen und in der drei mal drei ebenso. Die heiligste Zahl ist mir die dreizehn, ist sie doch in meinem uralten Kalender zu erkennen. Die Sprache der Mutter mit ihren heiligen Muttersilben habe ich euch geschenkt und die Symbole der Schrift offenbart. Auch der Mann wird von mir geboren, selbst wenn er als Macho oder Maskulinist versucht mit aller Kraft seine müttergeborene Herkunft zu verschleiern. Viele von euch haben mich gerufen, und so bin ich denn in meine alten Heiligtümer zurückgekehrt, denn als Wandlerin der Zeit, war ich nie weg. Erkennt mich in der Maria, der Sara, der Anna, den heiligen drei Jungfrauen, den Bethen, den Matronen, den Heiligen. Erkennt mich in den Synagogen, den Tempeln, den Kirchen, den Moscheen. Überall habe ich meine Zeichen und Symbole für euch stehen lassen, auf dass ihr in der Zeit, wo die Schleier hinweg gezogen werden, die Wahrheit versteht. Ich bin es die Alte Göttin der Urzeit, Mutter Natur selbst.

Diese in der **Natur** verankerte weibliche Göttlichkeit ist nicht keusch, sondern sie ist eine **lustvolle Göttlichkeit**. Um es auf den Punkt zu bringen:

Gott die MUTTER liebt Sex.

Die Natur hat den Menschen die Sexualität geschenkt als ekstatisch-orgasmische Möglichkeit die Schönheit des Lebens zu genießen und zu feiern. Gott die MUTTER als Kosmische Mutter steht auch für die überquellende Fülle des Lebens. Lustvolle Sexualität ist ein Teil dieser überfließenden orgasmischen Lebensfülle. Sexualität war deshalb heilig, weil mit der Sexualität das Leben selbst verehrt wurde. In der Landschaft haben wir dieses Bild der **orgasmischen Göttlichkeit** noch bis heute erhalten. So heißt zum Beispiel eine sich im **Schambachtal** bei Riedenburg im Altmühltal befindende Quelle auch heute noch **Puderloch**. Sie liegt am Fuße von drei kleineren Grottenhöhlen, deren Erhebung vom Patriarchat in **Teufelsberg** umbenannt wurde, obwohl es einst der **heilige Frauenberg** war, denn bis heute liegt dort oben das kleine Dorf **Frauenberghausen**. Natürlich ist es auch kein Zufall, dass der Nachbarort vom Puderloch **Hexenagger** heißt. Die Natur von Gott der MUTTER ist lustvoll und das Patriarchat hat diese Lust verteufelt, dämonisiert und pervertiert.

Bestattungen von Toten sind seit dem Mittleren Paläolithikum ein wesentliches Kennzeichen des Menschseins. Zu den ältesten Plätzen, an denen menschliche Skelette gefunden wurden, zählen **Höhlen**. Hierbei treffen wir häufig auf die Bestattung in der embryonalen Hockstellung als Vorbereitung auf die Wiedergeburt und wir finden immer wieder sehr auffällig das Bestreuen mit rötlichem Ocker, das Rot das auch täglich mit der Morgenröte und der Abendröte einhergeht. Oft sind den Toten Muscheln beigelegt. Kaurimuscheln, die eigentlich zur Gattung der Schnecken gehören, gleichen dabei anatomisch auffallend der Vulva der Frauen und Kammuscheln gelten als die Bauchmütter des Meeres.

Höhlen kommt schon im Paläolithikum eine besondere Funktion innerhalb der Religion von Gott der MUTTER zu. Sie waren heilige Orte, weshalb man auch von ihnen als **Kathedralen der Steinzeit** spricht. Gabriele Uhlmann schreibt darüber folgendes:

„Eine Deutung der Höhlen als „Kathedralen der Altsteinzeit" ist zunehmend anerkannt, weil darin keine Gegenstände des Alltags gefunden wurden. Doch greift das noch zu kurz, es sind auch Pilgerstätten und „Krankenhäuser". Vielfältige Rituale können sich darin abgespielt haben, z.B. Geburtsriten, Initiationsriten, Heilrituale, Entschuldigungsriten, Trauerriten usw.. Die Höhle symbolisiert den Bauch der Urmutter Erde, die gibt und auch wieder nimmt. Sie ist der Ort der Wandlung des Lebens, des Todes und der Regeneration, nicht aber der Ort von „Fruchtbarkeitskulten" (Uhlmann, Gabriele, 2012, S. 92).

Auch Doris Wolf weist auf ein urgeschichtliches Höhlenheiligtum hin, das als Felskathedrale bezeichnet wird. In Ägypten entdeckte die französische Archäologin Christiane Desroches Noblecourt 1990 in Luxor am Ende des „Tals der Königinnen" eine Grotte. Doris Wolf schreibt hierzu:

„Die französische Ägyptologin kommt zu dem Schluss, dass es sich bei dieser Grotte um ein schon in urgeschichtlicher Zeit benutztes Höhlenheiligtum, um die „Felskathedrale" einer Göttin bzw. um die symbolische Darstellung des gigantischen Uterus der göttlichen Himmelskuh handelt. Nach ihrer Meinung soll die große Felsspalte die Vulva (die Nut) der Göttin repräsentieren, durch die sie jeden Morgen zur Zeit des Sonnenaufgangs gebiert" (Wolf, Doris, 2009, S. 74).

In ihrem bereits 1994 erschienenen Buch „Was war vor den Pharaonen" schreibt die Autorin über dieselbe Höhlenkathedrale außerdem:

„Die in der Grotte gefundene Keramik, Spuren von rotem Ocker, die Felszeichnungen einer roten Kuh und ein rotes Dreieck bezeugen, was seit dem Paläolithikum von den Höhlen der Großen Göttin bekannt ist: Die Symbolik der Wiedergeburt aus dem weiblichen Schoß; Höhle, Sargraum, Sarg und Grab haben alle die Bedeutung von „Mutterschoß der Großen Göttin". Im ägyptischen Totenglauben kommt die überragende Bedeutung der Muttergöttin als „die große Aufnehmende" zum Tragen; die Vereinigung mit der Großen Mutter ist das zentrale Thema (Wolf, Doris, 1994, S. 60).

Der patriarchale Monotheismus dämonisierte die einst heiligen Höhlen vor Gott der MUTTER zur **Hölle** und das seit den paläolithischen Höhlenzeichnungen bekannte hörnertragende **Mondtier**, das die Phasen von Frau Mond widerspiegelt zum **Teufel**, aber tatsächlich bilden die späteren künstlich errichteten Kathedralen, Moscheen und Tempel Imitationen der einst heiligen Höhlen. Bis heute ziert die Sichel von Frau Mond jede Moschee. Bei den christlichen Kirchen sprechen wir von **Kirchenschiff**. Schiffe sind bis heute weiblich und jedes Schiff hat bekanntlich einen Schiffsbauch. Tatsächlich sind Schiffe und Barken schon sehr früh mit der Fahrt durch die Welt der Guten Frau Tod verbunden. Den Zusammenhang zwischen Schiff, Schiffsbauch und Mutter gibt bis heute das Wort „nave" sehr gut wieder. Auch bei uns ist das Wort „nave" in Verbindung mit Schiffen bekannt, zum Beispiel in dem Begriff Navigation. Aber wir kennen auch die Navelorangen, die Orangen, die in der Schale einen von außen sichtbaren Nabel haben und innen meistens eine angelegte, aber nicht völlig ausgeformte Frucht beinhalten, ein Baby im Leib der Mutterorange.

Die Logik des Kosmos:

Der Mensch, der sich evolutionsbiologisch als besonders unreifes Säugetier entwickelt hat, verarbeitet seine mütterliche Urerfahrung logischerweise in einem kosmischen mütterlichen Kontext. Das Göttliche ist daher von seinem Ursprung her kosmisch-schöpferisch-mütterlich. Gott die MUTTER ist die Erdbauchmutter der Landschaft, wie sie sich den Menschen in Hügeln, Doppel-Hügel-Busen, Bergen, Höhlen, Felsen und Spalten zeigt. Sie ist die nährende Erdmutter, sie ist die Gute Frau Tod und die Tod-in-Leben-Wandlerin des Kosmos. Sie spiegelt sich in der Menschenmutter wider mit ihren drei heiligen Körper-Kugeln: dem Bauchmutterlebensraum und den milchgebenden Brüsten, ohne die menschliches Leben nicht wachsen und werden kann.

Die Jungfrau ist nicht keusch

Heute verstehen wir unter einer Jungfrau eine sexuell unberührte Frau, was mit Reinheit und Keuschheit assoziiert ist, also mit Asexualität, was eine fehlgeleitete sexualmoralisch-patriarchale Obsession ist, denn alle patriarchalen Religionen haben eine Fixierung von Frauen auf Jungfräulichkeit im Sinne von sexueller Enthaltsamkeit und Lustfeindlichkeit. Die Christen sprechen von der Jungfrau Maria, obwohl sie die Mutter Gottes ist. Beschreibungen wie „die unbefleckte Empfängnis Marias" sind christliche Dogmen. Es ist noch nicht lange her, dass in Europa Wert darauf gelegt wurde, dass Frauen sexuell unberührt in die Ehe gingen, und im Islam haben wir auch heute noch eine große Fixierung auf voreheliche sexuelle Enthaltsamkeit von Frauen. In vorpatriarchalen Zeiten bedeutete Jungfrau einfach junge Frau. Da wir heute wissen, dass die freie **female choice**, also die freie sexuelle Auswahl der Frau, die naturgegebene Art der Sexualität ist (Bott, Gerhard, 2009; Uhlmann, Gabriele, 2011, 2012), und dies auch in der größten Zeit der Menschheitsgeschichte so gelebt wurde, weist die religiöse Überbetonung auf Jungfräulichkeit auf ganz andere Zusammenhänge hin. Unter Jungfrauenzeugung oder Parthenogenese verstehen wir nämlich einen Leben schöpfenden Vorgang ohne Beteiligung eines biologischen Vaters. Genau dieses Verständnis liegt der Zeit der Kosmischen Mutter zugrunde. Die Menschen glaubten ursprünglich, dass Frauen ohne das Zutun von Männern schwanger wurden, also aseitätisch oder parthenogenetisch aus sich selbst heraus Leben schöpften. Diesen Aspekt hat Maria als Mutter Gottes bis heute noch, ebenso, wie die im Volksgauben stark verankerten drei heiligen Jungfrauen oder drei Bethen.

Der Kult der drei Jungfrauen
Dieser durchzieht bis heute das Land und geht auf die aus sich selbst Leben schöpfende, aseitätische, parthenogenetische Gott die MUTTER zurück. Sie setzt sich in den griechischen Moiren, den römischen Parzen, den nordischen Nornen, den drei Bethen oder drei Matronen fort, die als Schicksalsgöttinnen den Lebensfaden spinnen und auch abschneiden. Unter verschiedenen Namen werden die Jungfrauen in den Dreifrauensagen bis heute verehrt als Aubet, Cubet und Guere, als Einbeth, Wilbeth und Warbeth, als Spes, Fides und Caritas, als drei namenlose Burgfräulein, als Catharina, Barbara, Margarete (C+B+M) und manchmal auch in vermännlichter Form wie die heiligen Drei Könige Caspar, Balthasar, Melchior, mit deren Initialien C+M+B bis heute die Häuser am 6. Januar, dem früheren Holle- oder Perchtentag, am Ende der uralten und ursprünglichen zwölf **Weihe- oder Mutternächte** gesegnet werden. Besonders häufig kommen im Volksglauben Catharina, Barbara und Margarete vor, wobei sie nicht immer zu dritt, sondern häufig einzeln auftreten:

Barbara mit dem Turm,
Margarete mit dem Wurm,
und Catharina mit dem Radl,
das sind die heiligen drei Madl

Barbaras Turm könnte schon auf die Zeit zurückgehen, wo Tote in Türmen den Seelenvögeln Geier und Rabenkrähe überlassen wurden, was vermutlich schon in Jericho, dem ältesten Dorf der Welt um 9000 v.u.Z. der Fall war und bis heute noch unter dem Begriff „Türme des

Schweigens" bei den indischen Parsen bekannt ist. Barbaras zweites Attribut ist der **Kelch** oder der **Kessel**, der häufig auf dem Turm abgebildet ist. Der Kelch oder Kessel gehört zu den urzeitlichen Kallwörtern (siehe hierzu Fester, Richard 1980, S. 84-106) und stellt den Bauch von Gott der MUTTER dar, wo die Verwandlung des Todes in das neue Leben stattfindet. Der Kessel spielt noch bei der keltischen Göttin Cerridwen als magischer Kessel des Lebens eine zentrale Rolle. Das Patriarchat jagt bis heute in Form des Heiligen Grals oder auch des christlichen Abendmahlkelchs einer männlichen Imitation der Lebenswandlung im Körper der Mutter nach. Dass dies naturgemäß nicht möglich ist, wird geflissentlich übersehen.

Der Wurm der Margarete ist die heilige Drachenschlange, das religiöse Symbol der Kosmischen Mutter, wobei der christianisierten Form oft, wie dem Erzengel Michael oder dem katholischen Heiligen Georg, ein typisches patriarchales Kriegs-Symbol, das Schwert hinzugefügt wird, denn eigentlich will das Christentum ja die Drachenschlange als Symbol von Gott der MUTTER töten und vernichten.

Catharinas Rad steht für das zyklische Lebensverständnis der Kosmischen Mutter: das Leben als ein Kreis von Werden, Wachsen, Welken und Wandeln, das auch im Jahreskreis und seinen Festen enthalten ist (Kutter, Erni: Der Kult der drei Jungfrauen; Göttner-Abendroth, Heide, 2005).

Mütter zwischen Muttertum, Faschismus und Matriarchat

Das konventionelle Bild der Mutter in einer patriarchalen Gesellschaft entspricht in keiner Weise dem Mutterbild freier nicht domestizierter „Wilder Mütter". Erich Fromm beschreibt die patriarchale Verdrehung des Mutterbilds treffend:

*"Diese Züge weichen allerdings erheblich von dem konventionellen Bild der Mutter in der gegenwärtigen patrizentrischen Gesellschaft ab. Diese kennen im Wesentlichen nur Mut und Heldentum des Mannes (bei dem diese Eigenschaften in Wirklichkeit in hohem Maße mit dem Narzissmus verknüpft sind), während die Gestalt der Mutter im Sinne des Sentimental-Schwächlichen umgedeutet wird... Nicht mehr die Mutter hat die Funktion des Schützens, sondern sie muss beschützt und „rein" erhalten werden. Diese Reaktionsbildung auf die Zerstörung der ursprünglichen Beziehung zur Mutter erstreckt sich auch auf die sie repräsentierenden Symbole wie Land, Volk, Erde usw. und spielt in den extrem patrizentrischen Ideologien der Gegenwart eine wichtige Rolle. Die Mutter und ihre psychologischen Äquivalente sind in diesen nicht verschwunden, aber sie haben ihre Funktion gewechselt: Aus **der Schützenden** ist eine **Schutzbedürftige** geworden"* (Fromm, Erich, 1994, S. 59/60).

Seit Bachofen 1861 mit dem Erscheinen seines Buchs über das Mutterrecht den Begriff Gynaikokratie aufwarf, den er als Weiberherrschaft verstand, taucht in der öffentlichen Diskussion in Verbindung mit Müttern auch immer wieder der verwirrende Begriff **Matriarchat** auf, so dass es diesbezüglich einer Klärung bedarf:

Alle WissenschaftlerInnen sind sich heute einig, dass es ein Matriarchat im Sinne einer Herrschaft von Müttern, in Umkehrung eines Patriarchats, nie gegeben hat. Das bedeutet aber auch, dass Bachofens Theorie einer grausamen Mütterherrschaft, die er als Mutterrecht bezeichnet, widerlegt ist.

Gerhard Bott hat sowohl in seinem Buch „Die Erfindung der Götter" als auch in einer unter www.gerhardbott.de veröffentlichten Korrespondenz überzeugend herausgearbeitet, dass Bachofen völlig gefangen ist in einer patriarchalischen Weltsicht auf die Mütter, in der er ein angeblich grausames Mutterrecht, einem von ihm geschätzten patriarchal kontrollierten Muttertum, das er - der eingefleischte Patriarch - als positiv beschreibt, gegenüberstellt. Bott deckt diese meistens übersehene Differenzierung sehr gut auf:

Mutterrecht und Muttertum:
„Bachofen beschreibt die von Natur aus aphroditisch-hetärische Frau der Urgesellschaft als versunken in einer Sumpf-Sexualität, und zwar so tief, dass sie sich schließlich angeekelt und durch die unersättliche Sexualität der Männer ermüdet, eines Tages dagegen zur Wehr setzt, weiterhin sexuell missbraucht zu werden. Deshalb hätten die Frauen endlich geregelte Zustände gewollt und hätten eine Gynaikokratie institutionalisiert, eben das Mutterrecht, eine "Weiber-Herrschaft". Diese Termini verwendet Bachofen durchgehend synonym. Die ersten Gynaikokratinnen waren, nach Bachofen, Frauen, die zu den Waffen griffen, sogen. Amazonen. Diese gynaikokratische Herr-

*schaft der Frauen über die Männer sei viel grausamer gewesen, als die spätere patriarchale Herrschaft der Männer über die Frauen. Bachofen beschreibt das "Mutterrecht", das Matriarchat, also nicht nur als Spiegelbild des Patriarchats, sondern als "ZERR"-Spiegelbild: **"Blutige Männermorde", "Opferung der eigenen Söhne", "Menschenopfer"** seien unter jenem "grausamen Mutterrecht", dieser blutrünstigen "Weiber-Herrschaft", an der Tagesordnung gewesen"* (Mutterrecht versus Muttertum, www.gerhardbott.de).

Bott schreibt desweiteren, dass für Bachofen "Muttertum" etwas völlig anderes bedeutet als "Mutterrecht" und macht deutlich, dass Bachofen diese beiden Termini durchgehend als totalen Gegensatz verwendet und sie zwei von einander getrennten historischen Epochen zuordnet:

*„Das "Mutterrecht" ist für Bachofen immer grausam und negativ, genauso, wie ich es in meinem Buch (im einzelnen S. 487 ff.) beschrieben habe. Das **"Muttertum"** hingegen, beschreibt er - wie alle Patriarchen- natürlich positiv; aber historisch setzt er die goldene Zeit des "Muttertums" eindeutig in die Zeit nach der "Vernichtung des Mutterrechts". Er schreibt ja: "Die Ehe bringt dem Weibe Ruhe und Versöhnung und alles Glück des durch die ausschließliche Ehe geregelten, aus dem Hetärismus zum Muttertum durchgedrungenen Geschlechtslebens". Das so hoch gelobte "Muttertum" beschreibt Bachofen also immer gebunden an die "vaterrechtliche" monogame Ehe; denn er macht klar: "Vaterrecht ist gleichbedeutend mit Eherecht" (S. 147). Aus Bachofens "Mutterrecht" geht also eindeutig hervor, dass er immer dann, wenn er vom Muttertum*

*spricht, nicht etwa die fürchterliche Zeit des Mutterrechts meint, sondern die "befriedete Zeit", nach der "Versöhnung" der Frauen mit dem **Primat der Männer**. Er bezieht sich damit auf jene "gute" Zeit, die nach dem Ende des Mutterrechts, der Gynaikokratie oder "Weiberherrschaft", ihren Anfang nahm, und zwar durch die "Versöhnung" der Frau mit dem Mann. Erst in der vaterrechtlichen monogamen Ehe, in der sich die Frau dem Mann "lustvoll" unterordnet, wurde das "Durchdringen" der Frau zum "Muttertum" möglich. Das "Mutterrecht", hingegen stellt Bachofen durchgehend als negativen Zerrspiegel des "Vaterrechts", des Patriarchats dar. Milde ist des Mannes Herrschaft, grausam die des Weibes, so behauptet er. (Mit Milde ist des Mannes Herrschaft, mit Grausamkeit die des Weibes gepaart. Bachofen aaO., S. 175). Erst nachdem mit Herakles der "heldische Mann" "das grausame Mutterrecht vernichtet hatte", wären die Frauen zur Vernunft gekommen, hätten den naturwidrigen Irrtum der gynaikokratischen Weiber-Herrschaft erkannt und hätten sich dann "lustvoll, befriedet und befriedigt" der höheren solaren Geistigkeit des Mannes untergeordnet und in der monogamen Ehe alles Glück dieser Erde und erst damit zum "Muttertum" gefunden. Auf diese Weise habe "die grausame Zeit des Mutterrechts", die der Menschheit eine Fülle von Leiden bereitet hätte, endlich ihr Ende gefunden" („Mutterrecht versus Muttertum"; www.gerhardbott.de).*

Bachofens Interpretationen haben sich als nicht haltbar erwiesen, aber die patriarchalen Verdrehungen des Mutterbilds, das **Muttertum**, wie Bachofen es genannt hat, prägen bis heute das Bild der Mutter in unserer Gesellschaft. Theologisch patrizentrisch durchgesetztes Muttertum können wir sehr gut bei der katholischen Kirche beobachten, welche die Kosmische Mutter in der Maria als die jungfräuliche Mutter Gottes und in vielen ihrer Heiligen erhalten, aber eben patriarchal besetzt hat. Maria auf der Weltkugel, im Strahlenkranz der Sonne oder auf der Mondsichel stehend, gibt bis heute die ursprünglichen Funktionen der Kosmischen Mutter wieder, aber die Göttin wird in ein patriarchales Weltbild gepresst, das ihr den ursprünglichen Status als Gott die MUTTER abspricht, sie zu einer Magd des HERRN degradiert, ihre Jungfräulichkeit verkeuscht, obwohl der ursprüngliche Jungfrauenaspekt ein parthenogenetisch-aseitätischer war und die junge Frau aus den matrilinearen Sippen über eine freie Sexualität, die sogenannte female choice verfügte (Bott, Gerhard, 2009; Uhlmann, Gabriele, 2011, 2012). Auch die katholische Kirche selbst gilt als Mutter trotz des Paradoxons, dass in der Hierarchie der katholischen Kirche Frauen eliminiert wurden, während die Protestanten Frauen zwar in ihrer Hierarchie gestatten die patrizentrische Lehre des Vater-Gott-Monotheismus zu verbreiten, andererseits aber alle matrizentrischen Züge des Christentums radikal ausgemerzt haben. Fromm bescheinigt Luther psychologisch gesehen ein extrem patrizentrischer Typ zu sein, denn im Protestantismus sind mütterliche Äquivalente wie die Gestalt der heiligen Jungfrau oder die Kirche oder alle mütterlichen Züge Gottes verschwunden (Fromm, Erich; 1994 S. 62).

Auch das **Mutterbild des Faschismus** unter den Nazis in Deutschland bedient sich des patriarchalisierten Muttertums und verdreht das ursprüngliche Mutterbild der „Wilden Mütter", indem es einerseits die Mütter patriarchal-ideologisch zu Kriegsgebärmaschinen degradiert und ihr Gebären für das Vaterland bezeichnenderweise mit **Mutterkreuzen** honoriert. Andererseits wird aber auch die enge Verbindung zwischen den Müttern und dem Land, das ursprünglich das Heilige Land war, zu einer **Blut- und Bodenkriegsideologie** verfälscht. Das Heilige Mutterland wird im Patriarchat und insbesondere in der Blut- und Bodenideologie des nationalen Faschismus zu dem mit Blut getränkten Vaterland, um dessentwillen Männer auf dem Kriegsfeld geopfert, Frauen vergewaltigt und zusammen mit ihren Kindern ebenfalls getötet werden.

In Deutschland versuchte Heide Göttner-Abendroth den Begriff **Matriarchat** auf eine neue Basis zu stellen. Sie bezeichnet Matriarchate als herrschaftsfreie Konsensgesellschaften und leitet das Wort Matriarchat nicht von archein sondern von arché ab. Göttner-Abendroth übersetzt deshalb das Wort Matriarchat nicht mit Herrschaft der Mütter, sondern mit „Am Anfang die Mütter". Mit dieser Übersetzung nähert sie sich zwar der Wahrheit, aber im allgemeinen und insbesondere im internationalen Verständnis ist in arché immer der Herrschaftsbegriff enthalten, wie in den Begriffen Hierarchie, Monarchie und eben auch Patriarchat (siehe hierzu auch „Zum Wortstamm arché im Begriff Matriarchat, www.gerhardbott.de). So stiftet der Begriff Matriarchat genauso viel Verwirrung wie Bachofens Begriff des angeblich grausamen Mutterrechts, das er mit Frauenherrschaft gleichsetzt. In der Praxis zeigt sich außerdem, dass der Begriff Matriarchat immer wieder als Kampfbegriff gegen Mütter verwendet wird, so dass er sich als patriarchaler Bumerang erweist und der Bedeutung der Mütter im Laufe der menschlichen Geschichte in keinster Weise gerecht wird.

In Verbindung mit Göttner-Abendroths Theorie **von der Göttin und ihrem Heros** stoßen wir zudem nicht nur auf eine Fehlinterpretation der **Heiligen Hochzeit**, dem griechischen Hieros Gamos, sondern auch auf das männliche Menschenopfer, das schon Bachofen, dem „grausamen Mutterrecht" unterstellte. Göttner-Abendroth übernimmt hier die patriarchale Denkweise von Bachofen und interpretiert sowohl die Heilige Hochzeit als auch den jährlichen Tod des Heroskönigs als matriarchal. Und sie tut dies auch in der überarbeiteten, 2012 erschienenen Auflage ihres Buches, ungeachtet einer diesbezüglich anhaltenden, öffentlichen, kritischen Diskussion (Göttner-Abendroth, Heide; Die Göttin und ihr Heros, 2012). Die Heilige Hochzeit ist für Göttner-Abendroth sogar ein matriarchales Kernstück, obwohl genau dieses Ritual der Heiligen Hochzeit den Beginn des Patriarchats markiert. Bei der Heiligen Hochzeit geht es nämlich keineswegs um die Heiligung der Sexualität an sich, sondern immer um die **Heiligung der Patrilinearität**, die natürlich nur über Sexualität erfolgen kann. Göttner-Abendroth hat nicht erkannt, dass die Heilige Hochzeit ja gerade die offizielle **Inthronisierung der Paarungsfamilie** bedeutet, d. h. **die Ablösung der matrilokalen Blutsfamilie**, die die **Ursprungsfamilie des Menschen** ist. Während im Paläolithikum, also in der Altsteinzeit und auch noch weit bis ins Neolithikum hinein, die aseitätische-parthenogenetische, aus sich selbst Leben schöpfende Mutter das soziologische und religiöse Kernstück der Gemeinschaft ist, wird die Heilige Hochzeit erstmals in sumerischen Tontafeln erwähnt. Das heißt, wir befinden uns bereits in patriarchalen Zeiten, in der die Erinnerung an die aseitätische Gott die MUTTER zwar noch überall präsent ist, aber, in der das unilinearmatrilineare Erbrecht zunehmend ersetzt wird durch ein bilineares Erbrecht, um schließlich ganz durch ein unilinear-patrilineares ersetzt zu werden. Wie Bott beschrieben hat, können wir diese Entwicklung bei den Pharaonen in Ägypten gut nachvollziehen. Während im Alten Reich noch ein bilineares Erbrecht herrschte, wird dieses schließlich im Neuen Reich unter dem Pharao Amenophis III (1388-1351 v.u.Z.) durch eine unilinear-patrilineare Thronerbfolge ersetzt (Das bilineare Thronerbrecht der Pharaonen, www.gerhardbott.de). Parallel wird diese gesellschaftliche Umwälzung von einer religiösen Umwälzung begleitet: Die aseitätische Kosmische Mutter wird zweigeschlechtlich in Göttinnen und Götter aufgespalten. Dies geht jedoch zunehmend mit einer patriarchalen Hierarchisierung in Form eines von einem Göttervater angeführten Götterpantheons einher und die Göttin wird schließlich von einem monotheistischen Vater-Gott völlig ersetzt.

Zu einer Fehlinterpretation aus der Matriarchatstheorie heraus kommt es dann auch, wenn die Bedeutung von Frauen in der Geschichte daran aufgezeigt werden soll, dass es z.B. in Ägypten Gräber von Königinnen gibt, die besonders reich ausgestattet sind, wie Doris Wolf in ihrem Buch „Was war vor den Pharaonen", (1994, S. 150) beschrieben hat. Eine besonders reiche Ausstattung von Gräbern, weist eindeutig darauf hin, dass es sich hier nicht um egalitäre hierarchiefreie Gesellschaften gehandelt haben kann, sondern bereits um eine herrschaftliche patriarchale Überlagerung.

Auch das männliche Opfer, das **Widder- und Stieropfer,** oder später das **Menschenopfer** gehen einher mit einer zunehmenden Patriarchalisierung. Und so muss auch der

Ritualtod des Heroskönigs durch „Wettkämpfe als Varianten des Initiationskampfes, als Kampf gegen die mythischen Tiere der Göttin oder als Kampf gegen den Amtsvorgänger, den alten Heroskönig", wie Göttner-Abendroth ihn für die von ihr als „spätmatriarchal" bezeichnete Zeit der Bronzezeit beschreibt (Göttner-Abendroth Heide, 2012, S. 33-46), in Wahrheit als patriarchal angesehen werden. Göttner-Abendroth erweist den Müttern keinen guten Dienst, wenn sie ausgerechnet Menschenopfer mit ihrem Matriarchatsbegriff dem spirituellen Wirkungskreis der Mütter zurechnet. Denn wie Carola Meier-Seethaler treffend anmerkt, ist es kaum denkbar, „dass Mütter je freiwillig ihre Kinder geopfert hätten, es sei denn, sie hätten vor der Wahl gestanden, ein Neugeborenes zu opfern oder ihre größeren Kinder dem Tod preiszugeben (Meier-Seethaler, Carola, 2011, S. 90).

Das Opfer
Wie Meier-Seethaler beschreibt ist die häufigste Opfergabe das Libationsopfer, das kultische Darbringen von Flüssigkeiten wie Wasser, Wein, Öl oder Milch. Die Autorin schreibt:

„Dafür zeugen die unzähligen Kultgefäße an allen neolithischen und frühhistorischen Fundplätzen. Dass diese häufig in der Form des weiblichen Körpers gebildet sind, wurde bereits erwähnt. Unter anderen gab es in der kretischen Vorpalastzeit Gefäßfiguren mit durchbohrten Brüsten, aus denen die Flüssigkeit gleichsam aus der Mutterbrust fließen konnte (Marinatos N. 1993, 15). Wenn Götterstatuen, Altäre, Gräber oder heilige Bäume in kultischer Absicht besprengt werden, so reflektiert dies die hohe Be-

deutung, die den Lebenswassern für die Entstehung, die Erhaltung und die Wiedergeburt des Lebens zukommt. Vermutlich schon vorkeramisch sind Gaben von Weizenkörnern, Früchten und anderer Nahrungsmittel, einschließlich gebackener Brote... Bis zur Gegenwart gehört die Darbringung junger Zweige im Frühling und von Ernte-Erzeugnissen im Herbst zu den gebräuchlichsten Formen heute christlich geprägter Dankopfer" (Meier-Seethaler, ebenda, S. 87). *Tieropfer treten wie Meier-Seethaler desweiteren ausführt "seit der Herdentier-Haltung ab 7000 v.u.Z. prominent in Erscheinung, zuerst das Widder-Opfer, später vor allem das Stieropfer. Beide Tiere stehen für männliche Zeugungskraft und wurden als irdische Erscheinungen männlicher Vegetationsgötter verstanden"* (ebenda, S. 85).

Tatsächlich sind für das Paläolithikum, die Altsteinzeit bisher keine männlichen Opferungen belegt. Eine Opferung ist ja auch überhaupt nicht nötig, da ja die Mütter über das heilige rote Menstruationsblut und die weiße Milch verfügen, die in der Religion der Kosmischen Mutter in Verbindung mit den Hörnerphasen von Frau Mond und den Mutterfarben Rot, Weiß und Schwarz als heilig angesehen wurden. Auffallend ist in der Tat, dass eine Opferung allerdings weiblicher Tiere dokumentiert ist, die eventuell in das Ende der Eiszeit im Zuge der dramatischen Klimaerwärmung vor 11 000 Jahren zurückreicht. Meier-Seethaler beschreibt die vorgefundene Situation folgendermaßen, die sie mit einer Abwanderung der Rentierherden nach Norden und eine dadurch möglicherweise ausgelöste Existenzbedrohung begründet:

„Im Opferteich von Ahrensberg bei Hamburg wurden die Reste von 30 ganzkörperlich versenkten Rentieren ent-

deckt. Es waren ausschließlich weibliche, zweijährige Tiere, die man mit Pfeilen getötet, aufgeschnitten und mit Steinen gefüllt hatte. Dass es sich um ein kultisches Ritual handelt, beweist der am Seeufer aufgestellte Holzpfahl, dessen Spitze vom Schädel einer zehnjährigen Renkuh gekrönt war" (ebenda, S. 85).

In diesem Zusammenhang auffallend ist die Bedeutung des mit Steinen gefüllten Bauches der potentiellen Rentiermütter, die sich stark von späteren Opferungen unterscheidet. Das könnte darauf zurückzuführen sein, dass in dem damaligen unilinear-matrilinearen Bewusstsein der Menschen völlig klar war, dass eine Rettung der eigenen, möglicherweise durch die Klimaveränderungen bedrohten Jagdsubsistenzwirtschaft, nur über die Mütter hätte erfolgen können. Ein männliches Opfer hätte also niemals Sinn gemacht.

Der patriarchale Charakter des Stieropfers offenbart sich hingegen auch sehr klar im patriarchal-soldatischen Mithraskult, auf den wir circa 1500 v. u. Z. stoßen und in der Tatsache, dass die Opferungen im Alten Testament, bei den biblischen Patriarchen einen so großen Raum einnehmen. Der Umbruch von der Religion von Gott der MUTTER zum Patriarchat ist dort sehr deutlich in der Geschichte von Kain und Abel enthalten. Im 1. Buch Mose 4.2. können wir hierzu nämlich lesen:

"Und Abel wurde ein Schafhirt, und Kain wurde ein Ackerbauer. Und es geschah nach einiger Zeit, da brachte Kain von den Früchten des Ackerbodens dem Herrn eine Opfergabe. Und Abel, auch er brachte von den Erstlingen seiner Herde und von ihrem Fett. Und der Herr blickte auf Abel

und seine Opfergabe; aber auch auf Kain und auf seine Opfergabe blickte er nicht".

Menschenopfer sieht Meier-Seethaler eindeutig im Zusammenhang mit dem Beginn der kriegerisch-patriarchalen Herrschaft ab dem 4. vorchristlichen Jahrtausend. Die Autorin führt aus:

„Unübersehbar ist aber die historische Tatsache, dass mit der Begründung kriegerisch-patriarchaler Herrschaft ab dem 4. vorchristlichen Jahrtausend die Praxis von Menschenopfern sprunghaft zugenommen hat. Die aus dem Osten eingebrochenen Indoeuropäer opferten Gefangene und Sklaven ihren Kriegsgöttern, die Germanen dem Odin oder Thor. Dies vor der Schlacht, um den Sieg zu erringen, und nach gewonnener Schlacht, um den Sieg und den Gott zu feiern (R.L.M. Derolez, 1963). In Homers Ilias werden Menschen beim Begräbnis großer Helden geopfert, und schon die Grabhügel der Kurganvölker bargen neben Tieropfern menschliche Nachfolgebestattungen, darunter die Witwen der Kriegerfürsten (M. Gimbutas 1991, 400). Vermutlich war die in Indien als „Sati" bezeichnete Opferung nicht nur ein barbarischer Akt der Frauenverachtung, sondern auch die Rückversicherung des Mannes, mithilfe der weiblichen Lebenskraft wiedergeboren zu werden. Erst ab Ende des dritten Jahrtausends macht dann die patriarchale Ideologie aus den großen Muttergöttinnen Kriegsgottheiten, wie es der babylonischen Ischtar, der syrischen Anat und der (vor)griechischen Athene geschah. Dabei wurden sie zu angeblich blutrünstigen Wesen dämonisiert, die nach immer neuen Blutopfern verlangen" (ebenda, S. 90).

Tatsächlich ist es doch völlig offensichtlich, dass in dem Moment, wo der Mann die Heldenrolle, also die Rolle des Heros übernimmt, wir uns schon längst im Patriarchat befinden, kennen wir doch wie Meier-Seethaler es treffend benennt „die Glorifizierung des Martyriums und die Selbstkasteiung in allen Hochreligionen" (S. 89). Der Heros tritt in ganz verschiedener Form auf, sehr verbreitet auch in Form der christlichen Drachentöter Michael, Georg und Patrick aber auch als Siegfried im Nibelungenlied, das lange als Nationalepos der Deutschen galt. Tatsächlich steht der Drache für die Kosmische Mutter und der Drachentöter für den Muttermord, was sich nicht nur im babylonischen Weltschöpfungs-Epos ENUMA ELISH im Kampf zwischen Marduk und Tiamat nachvollziehen lässt, sondern auch in der neutestamentlichen Offenbarung des Johannes als Kampf des Michael mit der Frau und dem Drachen, die hier mit der alten Schlange, dem Teufel und dem Satan gleichgesetzt werden (Offenbarung, Kapitel 12). Auffallend ist überhaupt die patriarchale Verbindung zwischen Held und Heil. Im Märchen besiegt der Held alle möglichen Ungeheuer. Jesus opfert sein Leben am Kreuz und wird damit zum Heil-Land der Welt und Hitler ließ sich auch nicht zufällig mit „Heil Hitler" begrüßen! Weder Held, Heil, männlicher Tod und Blutopfer sind Bestandteil der Alten Religion von Gott der MUTTER als Komischer Mutter, sondern sind eindeutig patriarchal.

Gott die MUTTER wird unrein

Seit dem Paläolithikum waren in der Religion von Gott der MUTTER das Menstruationsblut, die Geburt, der Tod und die Schlange heilig. Interessant ist, dass genau diese ursprünglich heiligen Attribute von Gott der MUTTER in den fünf Büchern Mose, dem Manifest der drei monotheistischen Religionen, als unrein verunglimpft, dämonisiert, verflucht und tabuisiert werden. Jutta Voss hat in ihrem Buch „Das Schwarzmond-Tabu" schon darauf hingewiesen, dass dies, die vom Monotheismus am stärksten mit Unreinheit belegten Attribute sind. Sie fasst zusammen:

Gott die MUTTER wird unrein:
„Unrein wird die Frau durch die Geburt. Wird ein Sohn geboren, ist sie 7 Tage unrein und muss 33 Tage isoliert werden; wird eine Tochter geboren, ist sie 14 Tage unrein und muss 66 Tage isoliert werden, das heißt, sie muss „im Blut ihrer Reinigung(!) bleiben". Anschließend muss sie – wie auch beim Aussatz – ein Sündopfer bringen, dazu noch ein Brandopfer. Unrein macht der Blutfluss der Frau. Während der Menstruation ist die Frau 7 Tage unrein. Jeder, der sie anrührt, und alles, was sie berührt, wird unrein...während der Zeit der Unreinheit darf sie den Tempel nicht betreten, denn sie würde den Tempel verunreinigen und daran selbst sterben. Unrein macht das Berühren von Toten. Die Unreinheit dauert ebenfalls 7 Tage und erfordert zur Sühne eine zweimalige Besprengung mit dem besonders vorbereiteten Sprengwasser aus der schwarzen (!) Asche einer roten(!) Kuh. Da aber nur die Frauen die Toten salbten, waren wiederum nur sie von dieser „Unreinheit" betroffen" (Voss, Jutta, 2006, S.150).

Auffallend ist hier, dass das Sprengwasser, das die Frauen, die mit dem Tod in Berührung kamen, wieder „rein" macht, mit der **schwarzen Asche** einer **roten Kuh** in Verbindung gebracht werden muss. Hier sehen wir noch ganz klar die einst heiligen Attribute der Kosmischen Mutter. Im ersten Buch Mose verflucht Gottvater der HERR die Schlange und setzt Feindschaft zwischen ihr und der Frau und im gleichen Kontext ruft er die Herrschaft des Mannes über die Frau aus. Patriarchat bedeutet also die Abtrennung des Menschen von seinen individuellen und kollektiven Wurzeln, von seinen uralten Kontinuumserfahrungen:

- dem heiligen Menstruationsblut der Frau als Voraussetzung für neues Leben,
- der lebensspendenden Nabelschlange als Voraussetzung für Wachsen und Werden menschlichen Lebens
- der Geburt als sichtbarer Offenbarung menschlichen Lebens und
- dem Tod, als Wandlungsphase des Lebenskreislaufs

Schon die Tatsache, dass ausgerechnet die Kernattribute der Gott der MUTTER Religion mit Unreinheit tabuisiert werden, belegt die uralte und vom Patriarchat verleugnete religionshistorische Existenz von Gott der MUTTER. Dass aber selbst der Papst sich der Realität von Gott der MUTTER nicht entziehen kann, wird nicht nur dadurch offenbar, dass bis heute die Vertreter der katholischen Kirche in Frauengewändern der früheren Priesterinnen auftreten, sondern noch stärker dadurch, dass sie in Mutterfarbengewändern auftreten: Der Papst in Weiß, die Kardinäle in Rot und die Pfarrer in Schwarz. Allein dem Papst ist es außerdem vorbehalten, Rote Schuhe zu tragen. Diese sollen das Blut Jesu symbolisieren, das dieser am Kreuz vergossen hat. Tatsächlich handelt es sich um eine typisch patriarchale Imitation des einst heiligen Menstruationsbluts, das aus den Frauen natürlich und ohne Verletzung fließt, während das Blut, das Männer vergießen, immer eine Verletzung zur Voraussetzung hat. Und so lange das Blut des Mannes verherrlicht wird, und das Blut der Frau gleichzeitig mit Unreinheit belegt wird, so lange werden wir in einer Gesellschaft des Krieges leben.

Fazit

Die Vaterschaft Gottes ist theologisch korreliert mit einem Vaterbild als Gott dem HERRN. Die monotheistische Theologie ist also immer aufs engste verknüpft mit geschlechterdiskriminierenden herrschaftlichen Strukturen. Das einst Heilige Land der Kosmischen Mutter wird zum Heiligen Land der Väter und damit Gegenstand niemals endender blutiger Kriege, was in Israel, dem Entstehungsland des Monotheismus, für jeden ersichtlich ist. Die Ehe, die dazu dient, die freie Sexualität der Frau, die in der Natur verankerte freie female choice zu begrenzen, um Vaterschaft möglichst eng einzugrenzen, wird theologisch mit einem Sakrament belegt, also herrschaftlich-hierarchisch geheiligt, denn der Vater wird das Oberhaupt der Eheinstitution. Monogamie gilt seitdem vor allem für Frauen, während für Männer innerhalb der patriarchalen Gesellschaftsstrukturen entweder Vielweiberei wie bei den Mormonen und den Moslems, oder aber Prostitution als sexuelle Ausweichmöglichkeiten geschaffen wurden. Beide Formen entwürdigen die Frau. Prostitution ist daher nicht das älteste Gewerbe der Welt, sondern das Gewerbe des Patriarchats.

Die Fruchtbarkeit der Frau gerät durch die patriarchalen Strukturen unter die Kontrolle des Vaters, wodurch eine exponentielle Bevölkerungswachstumskurve in Gang gesetzt wird, die parallel verläuft zu dem bis heute geltenden Paradigma des unendlichen Wirtschaftswachstums. Die theologische Hirtenideologie geht einher mit einer ökonomischen Cowboymentalität. Für beide gilt: je mehr Häupter einer Herde, desto besser, je größer und höher, desto besser.

Phallisches Denken wird dadurch weltweit die Grundlage von Ethik und Moral.

Tatsächlich geht die theologisch patriarchale Verherrlichung des Phallus immer einher mit der theologischen Erniedrigung des weiblichen Bauches: Der Bauch der Frau, in dem sich das Menstruationsblut bildet, in dem die Schlange des Lebens die neue Generation von Männern und Frauen ernährt, aus dem die Vulva das neue Leben gebiert.

Die phallische Verherrlichung bei paralleler Erniedrigung der Frau ist das theologische Paradigma des patriarchalen Monotheismus.

Der patriarchale Monotheismus ersetzt die körperliche lebensschöpferische Tätigkeit, die im Bauch der Frau stattfindet, durch eine Vater-Gott-der-HERR Wortschöpfung. Er verdreht die ganz offensichtliche Entstehung des Mannes in der Frau in eine körperliche Rippenentstehung der Frau durch den Mann, die im christlichen neuen Testament durch Paulus im 1. Korintherbrief noch einmal aufgenommen wird, wo behauptet wird: „**Denn der Mann ist nicht von der Frau, sondern die Frau vom Mann**" (Vers 8). Auch der Fluch, den Gott der HERR im 1. Buch Mose gegen die Frau ausspricht: "Nach deinem Mann wird dein Verlangen sein, er aber wird über dich herrschen" (3, 16), dieses patriarchal-hierarchische Verständnis wird von Paulus noch einmal bestätigt mit den Worten:

Das Haupt der Frau ist der Mann
(1. Korinther, 11,3; Epheser 5,22)

Der patriarchale Monotheismus hat eine Vielzahl von Strömungen hervorgebracht, nicht nur in Form der drei Hauptreligionen Judentum, Christentum und Islam, sondern auch in Form zahlreicher Aufspaltungen, die sich alle, in welcher Form auch immer, gegenseitig schon einmal bekriegt haben oder nach wie vor bekriegen. Auffallend ist, dass sich in einem Punkt alle diese kriegsgetriebenen Monotheismen einig sind, nämlich in der Tatsache, **dass der Mann das Haupt der Frau ist, der Phallus des Mannes also über den Bauch der Frau herrschen darf.**

Das Ergebnis dieses Phallischen Denkens ist eine Welt in Agonie, die nicht mehr zu übersehen ist. Dieser offensichtliche Zustand der Agonie entzieht aber auch dem Phallischen Denken jegliche Berechtigungsgrundlage für Ethik und Moral. Tatsächlich ist das mit einem patriarchalen Gottesbild begründete theologische Unreinheits-, Frauenherabsetzungs- und Männerherrschafts-Manifest eine der Hauptursachen psychischer und physischer Gewalt gegen Frauen. Die patriarchal-monotheistische Theologie, die immer mit einer repressiven Sexualmoral einhergeht, trägt daher in hohem Maß Verantwortung für

- sexualisierte Gewalt gegen Kinder und Frauen
- Pornographie
- Frauenhandel
- Vergewaltigungen
- häusliche Gewalt gegen Frauen

- sexuellen Missbrauch
- repressive Verhüllungs-Kleiderverordnungen für Frauen
- Genitalverstümmelungen
- Weiblich-Körperliche Minderwertigkeitsgefühle mit der Folge von Bulimie und Magersucht
- Psychisches Leid durch eine Unterschlagung der weiblichen Geschichte
- Psychisches Leid durch eine mit brutaler Gewalt erzwungene Unsichtbarmachung von Gott der MUTTER
- Psychisches Leid für Homosexuelle

Daraus ergibt sich die begründete Forderung nach der Abschaffung eines patriarchal-theologischen Gottesbildes und die Forderung nach einer Aufhebung des politischen Schutzes solcher Theologien:

- Keine öffentlichen Gelder mehr an patriarchale Theologien
- Trennung von Religion und Staat
- kein Traditionsschutz vor dem Antidiskriminierungsgesetz

Für die Zukunft ergeben sich daraus folgende weitere Forderungen:

- Gott kann nicht mehr allein männlich definiert werden.
- Ein Gottesbild darf nicht mehr mit Herrschaft korreliert sein.
- Das Bild, das eine Gesellschaft von Frau und Mann, von Mutter und Vater hat, muss von pat-

> riarchalen Indoktrinationen befreit werden. Das gilt insbesondere auch für den religiösen Bereich, wo Vaterschaft und Mutterschaft gleichermaßen in besonders hohem Maß patriarchal missbraucht wurden.
> - Familie sollte nicht über eine sexuelle Paarbeziehung definiert werden, weil die Sexualität frei ist. Stattdessen gilt: Familie ist da, wo Kinder sind

Und was sollte uns in Zukunft heilig sein?
Das Leben in seiner Gesamtheit und nicht eine ganz offensichtlich pervertierte, die Hälfte der Menschheit diskriminierende Form davon, wie wir es von den monotheistischen Theologien mit der „Gott ist der HERR-Keule" aufgezwungen bekommen. Das patriarchale Bild von Gott dem HERRN, das mit einem, den öffentlichen Raum dominierenden Männerbild einhergeht, hat ausgedient. Eine moderne Gesellschaft sieht anders aus!

Literaturverzeichnis

Armbruster, Kirsten: Starke Mütter verändern die Welt. Was schiefläuft und wie wir Gutes Leben für alle erreichen, Rüsselsheim 2007

Armbruster, Kirsten: Das Muttertabu oder der Beginn von Religion, Riedenburg, 2010

Bachofen, Johann Jacob: Das Mutterrecht, Frankfurt am Main, 1975

Bott, Gerhard: Die Erfindung der Götter; Essays zur Politischen Theologie; Norderstedt 2009

Bott, Gerhard: „Zum Wortstamm „arche'" im Begriff Matriarchat" unter www.gerhardbott.de

Bott, Gerhard: „Mutterrecht versus Muttertum" unter www.gerhardbott.de

Bott, Gerhard: „Das bilineare Thronerbrecht der Pharaonen" unter www.gerhardbott.de

Cowan, James: Offenbarungen aus der Traumzeit; Das spirituelle Wissen der Aborigines; München 1997

Derungs, Kurt: „Mythologische Landschaft Bodensee" in Mythologische Landschaft Deutschland, hg. von Göttner-Abendroth, Heide/Derungs, Kurt, Bern 1999

Derungs, Kurt: „Die Natur der Göttin" in James, E.O.: Der Kult der Großen Göttin, Bern 2003

Derungs, Kurt und Isabelle M.: Magische Stätten der Heilkraft: Marienorte mythologisch neu entdeckt. Quellen, Steine, Bäume, Pflanzen, Grenchen, 2006

Devereux, Paul: Der heilige Ort; Vom Naturtempel zum Sakralbau: Wie die Menschen das Heilige in der Natur entdeckten; Baden und München 2006

Fester, Richard; König, Marie E.P.; Jonas, Doris F.; Jonas A. David: Weib und Macht – Fünf Millionen Jahre Urgeschichte der Frau, Frankfurt am Main, 1980

Finkelstein, Israel und Silbermann, Neil A.: Keine Posaunen vor Jericho; Die archäologische Wahrheit über die Bibel, München 2004

Fromm, Erich: Liebe, Sexualität und Matriarchat; Beiträge zur Geschlechterfrage, München, 1994

Göttner-Abendroth, Heide: Die Göttin und ihr Heros, München 1990

Göttner-Abendroth, Heide: „Im Matriarchat der Mosuo; Eine Forschungsreise nach Südchina" und „Zur Definition von Matriarchat" und „Matriarchate als herrschaftsfreie Gesellschaft" in Matriarchate als herrschaftsfreie Gesellschaften, hg. von Göttner-Abendroth, Heide/Derungs, Kurt, Bern 1997

Göttner-Abendroth, Heide: „Frau Holle und Frau Venus in Thüringen" in Mythologische Landschaft Deutschland, hg. von Göttner-Abendroth, Heide/Derungs, Kurt, Bern 1999

Göttner-Abendroth, Heide: Die Göttin und ihr Heros, Die matriarchalen Religionen in Mythen, Märchen, Dichtung, Stuttgart, 2011

Haarmann, Harald: Geschichte der Sintflut; Auf den Spuren der frühen Zivilisationen, München 2005

Kölbl Konrad Verlag: Der Kelheimer Hexenhammer, München; Facsimile-Ausgabe der Original Handschrift aus dem Kelheimer Stadtarchiv

König, Marie E.P König: Am Anfang der Kultur; Die Zeichensprache des frühen Menschen, Wien 1981

Kutter, Ernie: Der Kult der drei Jungfrauen; Eine Kraftquelle Weiblicher Spiritualität neu entdeckt, Norderstedt

Meier-Seethaler, Carola: Ursprünge und Befreiungen; Eine dissidente Kulturtheorie, Stuttgart, 2011

Mulack, Christa: Religion ist zu wichtig, um sie den Männern zu überlassen; Die Göttin kehrt zurück, Stuttgart 1998

Riezler, Sigmund von: Geschichte der Hexenprozesse in Bayern, Wien

Schlund, Hans Hermann: Die Altmühl: Sagen und Legenden; Leutershausen 1985

Taylor, Steve: Der Fall; Vom Goldenen Zeitalter über 6000 Jahre Niedergang zu einem neuen Bewusstsein; München 2009

Uhlmann, Gabriele: Archäologie und Macht; Zur Instrumentalisierung der Ur- und Frühgeschichte, Norderstedt 2011, 2012

Voigt, Anna und Drury Nevyll: Das Vermächtnis der Traumzeit, Leben, Mythen und Traditionen der Aborigines, München 1998

Voss, Jutta: Das Schwarzmond-Tabu; Stuttgart, 2006

Walser-Biffiger, Ursula: Wild und Weise; Weibsbilder aus dem Land der Berge; Aarau, 1998

Wikipedia, Stichwort Altarabische Gottheiten

Wolf, Doris: Was war vor den Pharaonen? Die Entdeckung der Urmütter Ägyptens; Zürich, 1994

Wolf Doris: Der Kampf gegen Weisheit und Macht der matriarchalen Urkultur Ägyptens; Eine Kriminalgeschichte, Zürich, 2009

Weiterführende Literatur

Gimbutas Marija: Die Zivilisation der Göttin; Frankfurt a. M. 1996

Gimbutas, Marija: Die Sprache der Göttin; Frankfurt am. M. 1998

Gimbutas, Marija: The Language of the Goddess, London 2001

James, E.O.: Der Kult der Großen Göttin, Bern 2003

König, Marie E.P. König: Am Anfang der Kultur; Die Zeichensprache des frühen Menschen, Wien 1981

Meier-Seethaler, Carola: Von der göttlichen Löwin zum Wahrzeichen männlicher Macht; Ursprung und Wandel großer Symbole; Zürich 1993

Mulack, Christa: Maria, die geheime Göttin im Christentum, Schalksmühle 2005

Sjöö, Monica; Mor, Barbara: „Wiederkehr der Göttin"; Die Religion der großen kosmischen Mutter und ihre Vertreibung durch den Vatergott, Braunschweig, 1985

Sjöö, Monica; Mor, Barbara: The Great Cosmic Mother; Rediscovering the religion of the earth; New York, 1987

Vonier, Hannelore: „Entstehung des Patriarchats", Teil 4: „Hirtentum und Besitz kommen in die Welt" in www.rette-sich-wer-kann.com

Walker, Barbara: Das Geheime Wissen der Frauen, Ein Lexikon, München 1995

Bildnachweis

Fotos auf dem Cover von Franz Armbruster:
Foto 1: Vorderseite Cover: Höhle in der Felswand der Schwarzen Madonna von Rocamadour, Lot, Frankreich
Foto 2: Großes Foto Rückseite Cover: Der Frauenstein von Riedenburg im Altmühltal, Deutschland
Foto 3: Kleines Foto Rückseite Cover: Der Storch in den Mutterfarben Rot, Weiß und Schwarz bringt bis heute die Kinder, Elsass, Frankreich

Ortsregister

Ägypten 13, 21, 34, 43, 56
Altmühltal 11, 27, 42, 75
Altötting 37, 39, 40
Anatolien 11, 12
Arsan Tepe 12
Atapuerca 10
Australien 23, 24
Auvergne 26, 32
Avdeevo 11
Bayern 11, 37, 40
Bulgarien 12
Burgos 10
Campus Stella (Santiago de Compostella) 26
Clermont Ferrand 32
Deutschland 11, 27, 37, 53, 54, 75
Dolni Vestonice 11
Donau 38
Dordogne 11
Drachenstein 27, 28
Elsass 75
Essing 11,
Europa 7, 8, 10, 11, 12, 13, 14, 25, 37, 38, 46
Finisterra 26
Frankreich 11, 26, 32, 75
Frauenberghausen 42
Frauenstein 27, 28, 29,
Haute Garonne 11
Hexenagger 28, 42, 75
Israel 10, 34, 65 28
Kelheim 28
Laussel 11
Le Puy de Dôme 32

Le Puys en Velay 26
Lespugue 11
Lot, 75
Luxor 43
Marokko 10
Mesopotamien 13
Österreich 10
Qafzeh 10
Rabenstein 26, 27
Rebekhat Ram 10
Riedenburg 27, 28, 29, 42, 75,
Rocamadour, 75
Russland 11
Schelklingen 10
Schwäbische Alb 10
Spanien 10
Syrien 10
Tan Tan 10
Tschechien 11
Teufelsberg 42, 75
Wachau 10
Warna 12
Willendorf 10

Danksagung

Ich danke allen Frauen und Männern, die mit ihrer unermüdlichen Forschungsarbeit dazu beigetragen haben, die patriarchale Gehirnwäsche zu durchdringen, so dass wir heute, sowohl soziologisch als auch religionshistorisch unsere offizielle patriarchal-induzierte Geschichte umschreiben können. Ich finde es sehr ermutigend zu wissen, dass die Spezies Mensch, menschengeschichtlich gesehen, in diesem wunderbaren Kosmos nur eine relativ kurze Periode so gewütet hat, wie wir es heute unter dem Diktat der fünf patriarchal-politischen Welttheologien als normal betrachten. Besonders dankbar bin ich dafür, dass auch immer mehr Männer das Patriarchat infrage stellen und gemeinsam mit Frauen versuchen, dieses weltzerstörerische System zu überwinden. An dieser Stelle möchte ich Gerhard Bott danken, der nicht nur mit seinen Veröffentlichungen eine hervorragende Basis für Patriarchatskritik geschaffen hat, sondern auch bei der vorliegenden Veröffentlichung durch eine persönliche Korrespondenz wertvolle Hinweise lieferte. Desweiteren möchte ich meinem Mann Franz Armbruster danken, der mit mir gemeinsam die Landschaften und Heiligen Orte erkundete und viel davon fotografisch festhielt.

Nicht zuletzt möchte ich den Frauen danken, die mich immer wieder ermutigt haben zu schreiben, gerade wenn mich selbst der Mut angesichts des alltäglichen patriarchalen Gewalt-Wahnsinns zu verlassen drohte. Mögen unsere Töchter und Söhne in Zukunft von dem gemeinsamen Mut profitieren.

Zur Autorin

Dr. Kirsten Armbruster hat sich inzwischen als Patriarchatskritikerin einen Namen gemacht. Sie wurde 1956 in Dortmund geboren, wuchs in Kairo auf, machte ihr Abitur in Fürstenfeldbruck, studierte Agrarwissenschaften an der Universität in Göttingen, promovierte in Physiologischer Chemie an der Tierärztlichen Hochschule in Hannover und lebt heute mit ihrer Familie in Riedenburg im Altmühltal. Mit dieser Streitschrift legt sie ihre dritte patriarchatskritische Veröffentlichung vor.

Weitere Veröffentlichungen der Autorin:
Starke Mütter verändern die Welt; Christel-Göttert-Verlag, 2007, Rüsselsheim;
Das Muttertabu oder der Beginn von Religion; edition courage, 2010, Riedenburg
Verschiedene Essays im Bronski-Blog der Frankfurter Rundschau, in der Mädchenmannschaft, dem Mütterblitz, bei zeitgeist online u.a.

Weitere Informationen zur Autorin:

www.edition-courage.de
www.kirsten-armbruster.de
www.courageconsult.de
Facebook